Gerd Stolz

Menschen und Ereignisse – Gedenktafeln in Kiel

Husum

Herausgegeben vom SHHB-Ortsverein Kiel

Umschlagvorderseite:
Eingang zum Schauspielhaus in der Holtenauer Straße 103 mit Gedenktafel an den Ersten ernannten Landtag und damit den demokratischen Neuanfang des Landes Schleswig-Holstein (s. Nr. 40), Gedenktafeln für Klaus Groth (s. Nr. 3) und Alexander Behm (s. Nr. 21).

Umschlagrückseite:
Gedenktafel für Johann Schweffel, August Ferdinand Howaldt und Wilhelm Bauer an der Treppenanlage in der Kaistraße (s. Nr. 27), Mahnmal mit Gedenktafel zur Zerstörung der Kieler Synagoge (s. Nr. 39).

Kartengrundlage Seite 126/127: Amtlicher Stadtplan der Landeshauptstadt Kiel 1 : 20 000. Vervielfältigt mit Genehmigung der LH Kiel, Stadtvermessungsamt.

Die Herausgabe dieser Schrift
wurde gefördert von

- Kieler Volksbank eG, Kiel
- Firma Rud. Prey GmbH, Kiel

Satz: Fotosatz Husum GmbH
Druck und Verarbeitung: Husum Druck- und Verlagsgesellschaft
Postfach 1480, D-25804 Husum – www.verlagsgruppe.de

ISBN 3-89876-010-3

Inhaltsverzeichnis

Einführung

Vielfach wird Kiel, die heutige schleswig-holsteinische Landeshauptstadt, als ein weithin geschichtsloses Gemeinwesen, zumindest eine der Historie nicht besonders zugeneigte oder sie wenig liebende Stadt angesehen. Alte Bausubstanz als Zeugnis der Stadtgeschichte ist in der Fördestadt nur noch in wenigen Ansätzen zu finden, und Rudimente, die die verheerenden Zerstörungen des Zweiten Weltkrieges überdauerten, wurden in den Jahren eines raschen, teilweise überstürzten Wiederaufbaues vielfach gedankenlos abgeräumt.

Dass 800 Jahre Kieler Geschichte zugleich acht Jahrhunderte Kulturgeschichte bedeuten, die zeit- und teilweise über die Stadtgrenzen bis in die europäische Staatenwelt ausstrahlten, ist in dieser Stadt nur schwerlich auszumachen. Viele Plätze, Häuser und Gebäude sind untergegangen, die meisten authentischen Örtlichkeiten existieren nicht mehr. Der Wechsel, das Auf und Ab menschlichen Wollens, Gestaltens und Duldens, hat sie wie Staub fortgetragen.

Auch in dieser Stadt arbeiteten und wirkten in den vergangenen Jahrzehnten und Jahrhunderten Menschen, die in ihrem Leben Leistungen erbrachten und Bedeutung erlangten in kulturellen, wissenschaftlichen, sozialen und politischen Bereichen. Ihr überliefertes Erbe haben Stadt und Land einst mitgestaltet, vielfach wirkt es noch über ihr einstiges Sein fort.

Einiger dieser Menschen und ihres Schaffens, einiger dieser Ereignisse hat man sich irgendwann erinnert, fand es richtig ihrer zu gedenken und an sie zu mahnen. Man brachte Erinnerungstafeln an, die die Namen, vielfach auch Lebens- und Schaffensdaten, manchmal auch ein besonderes Ereignis benennen. Doch andere Namen sucht man in dieser Stadt vergebens, denn wie vielen Menschen ist bewusst oder doch zumindest bekannt, dass z. B.

- im Kieler Schloss 1728 Zar Peter III. von Russland, ein Enkel Peters des Großen und der Ehemann Katharinas II., geboren wurde,

- Katharina II., einstige Prinzessin Sophie Auguste von Anhalt-Zerbst, als Zarin von Russland für längere Zeit in Kiel weilte,

- der preußische Artillerieleutnant und spätere Industrielle Werner von Siemens im Frühjahr 1848 den Kieler Hafen durch eine Minensperre schützte,

- die Pianistin Clara Schumann, die im Musikleben des 19. Jahrhunderts eine hervorragende Stellung einnahm, in den Jahren 1855 bis 1880 mehrfach Klavierkonzerte bei ihren wiederholten Besuchen in Kiel gab,

- der Revolutionär von 1848 und spätere US-amerikanische Innenminister Carl Schurz in den 1860er Jahren mit seiner Frau Gast in dieser Stadt in der Villa seines Schwagers war,

- der „Erfinder" des Dreiecktuches und der „blutlosen Leere" Friedrich von Esmarch nahezu sein ganzes berufliches Dasein als hoch angesehener Mediziner im 19. Jahrhundert in dieser Stadt lehrte und praktizierte,

- der weltbekannte Physiker und Nobelpreisträger Albert Einstein in den „goldenen zwanziger Jahren" des 20. Jahrhunderts für mehrere Monate in Kiel lebte und das Segelrevier der Kieler Förde besonders liebte.

Gewiss umfasst Geschichtlichkeit nicht den aktuellen Erfolg und ist Popularität kein (Wert-)Maßstab für ein Nachwirken im Bewusstsein der Späteren, unzweifelhaft wechselt die Einordnung historischer Größe oder Bedeutung unter geänderten Einflüssen und sich wandelnden Einsichten, doch lösen sich im Nachhinein viele Dinge und Namen aus dem engeren, kleinformatigen Zeitgeschehen und erlangen unauslöschliche Spuren, Wertschätzung und Wirkung.

Namen sind Schall und Rauch, sagt zwar der Volksmund abwehrend in Anlehnung an Fausts selbstgefälliges Wort in Goethes gleichnamiger dramatischer Dichtung, doch einiger Namen und Geschehnisse hat man sich in Kiel sichtbar erinnert. Gedenktafeln (unter diesem Sammelbegriff werden im Weiteren alle Erinnerungstafeln, Gedenksteine und Inschriften zusammengefasst) – meist aus Stein oder Bronze – an Häusern, Wänden oder neben Hauseingängen künden von dem Leben und Wirken bedeutender Rechtsgelehrter, Mediziner, Physiker, Chemiker und Künstler, künden von Ereignissen weiter Bedeutung über die Stadtgrenzen hinaus. Es wird so die Erinnerung an Menschen wach gehalten, die einst auf ihre Weise ihren Beitrag zum (auch heutigen) Bild Kiels geleistet haben.

Einige Gedenktafeln sind künstlerisch gestaltet, andere handwerklich schlicht und einfach, doch immer würdevoll in der Erinnerung des/der Geehrten. Sie sind zugleich Zeitzeugen des Ansehens, das die betreffende(n) Person(en) in den Tagen der Aufstellung genoss(en), oder des Stellenwertes, den die Menschen in ihrer Zeit dem jeweiligen Ereignis beimaßen.

Die meisten der bereits vor dem Zweiten Weltkrieg vorhandenen Gedenktafeln sind mit den Bauten und Stätten im Bombenkrieg untergegangen, doch auch andere nach dem Zweiten Weltkrieg entstandene Tafeln vermisst man heute bereits.

So sind in dem vorliegenden Band alle Gedenktafeln verzeichnet, die allgemein öffentlich erreichbar, d. h. zugänglich und am Ort des Geschehens angebracht bzw. aufgestellt sind, d. h. einen unmittelbaren lokalen Bezug haben sowie ereignisbezogene Mahnmale am ehemaligen Ort des Geschehens. Nicht aufgenommen wurden Gräber und Grabstätten auf Kieler Friedhöfen, denn für zwei Friedhöfe (Südfriedhof und Parkfriedhof Eichhof) liegen bereits Führer in Buchform vor, sowie Mahn- und Gedenkstätten, die keinen unmittelbaren personenbezogenen Hintergrund am Standort haben, oder Denkmäler. Bewusst wurde auf eine Auswahl, das Ausscheiden irgendeines Namens oder Ereignisses verzichtet, denn es hätte eine Form der Zensur bedeutet. Die Maßstäbe geschichtlicher Würdigung setzt jede Zeit für sich selbst, sie sind Spiegelbild des Nachruhms in der Seele des Volkes.

Die Gedenktafeln in ihrer Gesamtheit zeigen die bunte, abwechslungsreiche und nicht allein auf die Politik bezogene Vielfalt der Vergangenheit, die wir in der Atmosphäre der Überlieferung als Geschichte bezeichnen. Diese umfassende Sicht ist von besonderem Reiz und schließt eine subjektive Entscheidung aus.

Von den mit einer Gedenktafel geehrten Personen sind drei Nobelpreisträger und vier Kieler Ehrenbürger, fünf Naturwissenschaftler sowie neun Künstler, Musiker und Schriftsteller. Überregionale Ereignisse, deren Spuren auch in der Landeshauptstadt nicht verwehten oder hier ihren Ursprung hatten, werden verzeichnet.

Es wurden nur die im Gebiet der Landeshauptstadt Kiel vorhandenen Tafeln verzeichnet; auch die in den umliegenden Gemeinden vorhandenen aufzunehmen, hätte – ungeachtet des Reizes einer solchen Aufgabe – den Rahmen dieser Schrift gesprengt. Bei den Tafeln werden Standort, Werkstoff und In(Auf-)schrift, meist auch Größe und Datum der Übergabe (Enthüllung, Aufstellung) genannt, sodass sich aus diesen Angaben nahezu zwangsläufig die Frage nach dem Umgang unseres überlieferten Erbes ergibt.

Bewusst wurde davon abgesehen, vorgeschriebene „Rundwege" oder „Wanderwege" darzustellen oder zu empfehlen. Vielmehr bleibt es jedem einzelnen Leser überlassen, nach der jeweiligen Ortsangabe seine Ziele und die Wege mit einem Stadtplan selbst zu wählen. Dieser Band soll aber aufmerksam machen, den Leser verleiten, die Stätten aufzusuchen, und ihn bei seinen historischen „Entdeckungen" begleiten. Erkennbar ist eine Verdichtung der Gedenktafeln in der historischen Altstadt zwischen Kleinem Kiel und Kieler Förde.

Die biographischen bzw. historischen Anmerkungen erläutern in Kurzform den Hintergrund zu der jeweiligen Tafel. Sie sind kein Ersatz für eine eingehende Darstellung oder Würdigung. Jedoch sind die Literaturangaben Wegweiser zu vertiefter Beschäftigung mit Personen und Ereignissen. Das Schleswig-Holsteinische Biographische Lexikon (SHBL), ab Band 6: Biographisches Lexikon für Schleswig-Holstein und Lübeck, enthält zu jedem biographischen Beitrag ein umfassendes Werk-, Bild- und Literaturverzeichnis. In gleicher Weise sind die Hinweise auf die Bände der Neuen Deutschen Biographie (NDB) und der Deutschen Biographischen Enzyklopädie (DBE) zu sehen.

Das Personenregister enthält alle in dem Buch genannten Namen in alphabetischer Reihenfolge der Nach- bzw. Vornamen (Rufnamen). Namen von Personen, die mit Gedenktafeln gewürdigt werden, sind fett gedruckt.

Vieles aus der reichhaltigen Historie Kiels ist in den vergangenen Jahren und Jahrzehnten getilgt worden, die Gedenktafeln sind Mosaiksteine zu einem bunten Kaleidoskop, mit denen uns nachvollziehbare, erlebbare Befunde aus Geschichte und Kultur dargeboten werden – nur wir müssen uns ihrer bewusst sein, diesen Reichtum nutzen und mehren (wollen).

1 Alter Markt

Nikolaikirche, Pommernkapelle

Marmorstein (110 cm x 206 cm)
1957 aufgestellt

Inschrift:

Hier ruht
Dr. Carl Loewe
geb. am 30. November 1796
in Löbejün
gest. am 20. April 1869
in Kiel

Er wirkte 46 Jahre als
Organist an St. Jakobi in
Stettin. Sein Herz wurde
dort neben seiner Orgel
beigesetzt. Als letztes Mu-
sikwerk komponierte er
Klagelieder Jeremiae 3/22-23

Die Güte des Herrn ist's/
dass wir nicht gar aus
sind/Seine Barmher-
zigkeit hat noch kein
Ende/sondern sie ist
alle Morgen neu und
deine Treue ist groß.

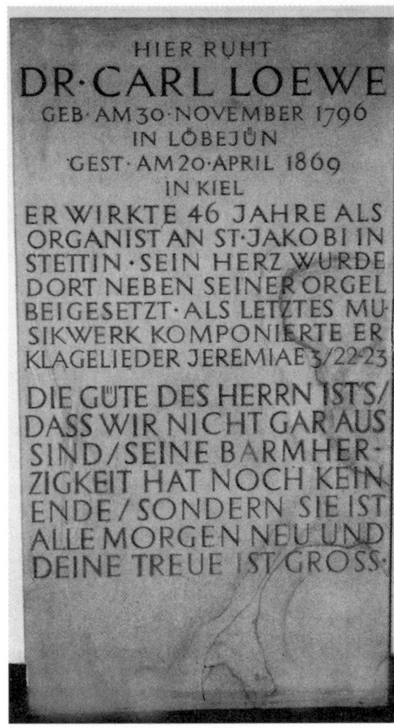

Gedenktafel für Carl Loewe in der „Pommernkapelle“ der Nikolaikirche.
Foto: Gerd Stolz, Kiel

Johann Carl Gottfried Loewe gehört zu den großen deutschen Lieder- und Balladenkomponisten. Sein Werk umfasst u. a. fünf Opern, von denen nur eine in Berlin 1832 aufgeführt wurde, 17 Oratorien, zwei Sinfonien, viele Motetten und ca. 200 Balladen (u. a. „Erlkönig“, „Archibald Douglas“, „Tom der Reimer“, „Die Heinzelmännchen“, „Die Uhr“, „Elvershöh“).

Das im Zweiten Weltkrieg beschädigte, 1955 hierher umgesetzte Grabzeichen für Carl Loewe in Kiel auf dem Parkfriedhof Eichhof, Traditionsstätte St. Jürgen-Friedhof.
Foto: Gerd Stolz, Kiel

Loewe war das zwölfte und jüngste Kind des Kantors Andreas Loewe in Löbejün bei Halle a. d. Saale, wo er am 30. November 1796 geboren wurde. Nach dem Studium der Theologie wurde Loewe 1820 als Kantor und Organist an der Jakobikirche nach Stettin berufen, wo er 46 Jahre lang als Musiker tätig war. Maßgeblich prägte Loewe das Musikleben der pommerschen Hansestadt mit seinen Oratorien-Aufführungen, den Pommerschen Musikfesten und zahlreichen anderen Konzerten. Die Philosophische Fakultät der Universität Greifswald würdigte bereits 1831 seine künstlerischen Leistungen wie auch seine Beiträge zur Musikgeschichte mit der Verleihung des Ehrendoktors.

Am 24. Februar 1864 erlitt Loewe in Stettin einen schweren Schlaganfall, von dem er sich nur langsam erholte. Sein Schwiegersohn Kapitän z. S. Hepburn von Bothwell war 1865 mit der Errichtung der preußischen Flottenstation nach Kiel versetzt worden, und so holte seine Familie Carl Loewe ein erstes Mal zur Genesung nach Kiel. Als er dann nach seiner Rückkehr das Organistenamt in Stettin wieder aufnahm, forderten ihn seine Vorgesetzten auf, seinen Abschied zu nehmen.

Tief gekränkt über diese Handlungsweise verließ Loewe im Mai 1866 die Stadt und siedelte mit seiner Frau und zweiten jüngeren Tochter nach Kiel über. Eine Wohnung fand er am Schlossgarten (Nr. 5, dem späteren Café Rolfs). Zwar beteiligte sich Loewe nicht am öffentlichen Musikleben Kiels, doch „allabendlich ließ er seinen Flügel erklingen, und in die Choräle mischte sich wohl hie und da eine eigene Melodie ein".

Carl Loewe starb am 20. April 1869. Er wurde in Kiel auf dem St. Jürgen-Friedhof beerdigt, sein Herz jedoch wunschgemäß in einer Kapsel im Hauptpfeiler der Orgel zu St. Jakobi in Stettin beigesetzt. Sowohl die Ruhestätte in Kiel wie das Gotteshaus in Stettin wurden im Zweiten Weltkrieg zerstört. Loewes stark beschädigtes Grabmal wurde dann mit anderen erhalten gebliebenen Steinen des St. Jürgen-Friedhofes 1955 auf den Kapellenvorplatz des Parkfriedhofs Eichhof umgesetzt.

Auf Anregung der Stiftung Pommern und der Pommerschen Landsmannschaft wurde 1957 die Gedenkstätte für Loewe in der „Pommernkapelle" der Kirche St. Nikolai zu Kiel eingerichtet. Eines der Buntglasfenster der Kapelle nach Entwürfen der in Stettin geborenen Glasmalerin Lotte Usadel zeigt die Jakobikirche in Stettin mit ihrer Orgel zur Erinnerung an Carl Loewe. Den Gedenkstein fertigte der Kieler Steinmetzmeister Albert Ulbrich.

Die Stadt Kiel hatte Carl Loewe bereits 1896 geehrt, als sie anlässlich seines 100. Geburtstages eine von dem Berliner Bildhauer Fritz Schaper (1841–1919) geschaffene Büste am Düsternbrooker Weg aufstellen ließ. Die 1,20 m hohe Büste aus Bronze zeigt Loewes markant geschnittenes Gesicht – zeitlebens galt er als ein schöner Mann. Das Denkmal wurde 1952 an der Gartenstraße/Ecke Legienstraße vor der nach dem Komponisten benannten Schule aufgestellt. Der in Kiel geborene Steinmetz Walter Rössler besorgte die Wiederherstellung des im Zweiten Weltkrieg beschädigten Denkmals, das im Sockel aus Muschelkalk die Inschrift trägt:

Carl Loewe
1796–1869.

Literatur:

Brockhaus Riemann Musiklexikon, 2. Bd., Wiesbaden / Mainz 1979, S. 65
Alfred Baumgartner, Propyläen Welt der Musik – Die Komponisten, Berlin / Frankfurt a. M. 1989, 3. Bd., S. 471–473
Friedrich Kleyser, Carl Loewe und Kiel. In: Mitteilungen der Gesellschaft für Kieler Stadtgeschichte, H. 4., Oktober 1958, S. 33–40

2 Alter Markt 7

(Ecke Kehdenstraße / Küterstraße)

Bronzetafel (56 cm x 37 cm) am 23. 12. 1967 übergeben

Gedenktafel für „Onkel Ludwig" am Alten Markt.
Foto: Gerd Stolz, Kiel

Inschrift unter dem Porträtrelief des alten Mannes mit Mütze und Zigarrenstummel im Mund:

Ludwig Goedecke
(genannt „Onkel Ludwig")

Ein liebenswürdiges
Kieler Original

Er wirkte von 1946 bis 1967 als
Parkwächter auf dem Alten Markt
und tat viel Gutes

Diese Gedenktafel stifteten
dankbare Kieler Bürger

Ludwig Goedecke fand nach Kriegsende in seiner Heimatstadt keine Arbeit mehr in seinem erlernten Beruf als Schiffsbauer. Freiwillig übernahm er daher 1946 die Tätigkeit als Parkwächter auf dem Alten Markt und war sehr bald bei den Kieler Einwohnern als Unikum nicht nur bekannt, sondern außerordentlich beliebt.

„Onkel Ludwig", wie er im Volksmund genannt wurde, starb am 7. März 1967 an den Folgen eines Raubüberfalls – zwei Männer, 26 bzw. 20 Jahre alt, schlugen den 81 Jahre alten Mann am 21. Februar 1967 an seiner Wohnungstür brutal zusammen.

Das Geld für die von Waldemar Gerwin-Cranz, Mönkeberg, gestaltete Erinnerungstafel wurde von 72 Kieler Bürgern – vom „Arbeiter bis zum Universitätsprofessor" – gespendet, wobei der „Kieler Express" seinerzeit wiederholt über die Aktion berichtete; die ersten Spender waren 29 Fahrer der schleswig-holsteinischen Landesregierung.

„Zwei menschliche Züge hatten ihm seine Beliebtheit und Popularität gebracht: die Art und Weise, wie er seine Parkwächtertätigkeit als Dienst an seinen Mitmenschen auffasste, und seine Hilfsbereitschaft allen gegenüber, die sich in Not befanden."

Es war das erste Mal, dass in Schleswig-Holstein Einwohner einer Stadt einem „Mann von der Straße" ein Denkmal setzten. Der Preetzer Klosterpropst Friedrich Graf von Reventlow, der ebenfalls zu den Spendern gehörte, fasste während der kleinen Einweihungsfeier zusammen, was viele dachten: „‚Onkel Ludwig' hat es verdient."

3 Faulstraße 17

Bronzetafel (40 cm x 66 cm)
Mai 1975 angebracht

Inschrift: Der Dichter und Kieler Ehrenbürger
Klaus Groth

lebte von 1853 bis zu seinem Tode
im Jahre 1899 in unserer Stadt.
Während der Wintermonate wohnte
er bis 1859 häufig längere Zeit bei
Mutter Brandis, deren Haus sich an
dieser Stelle befand. Hier entstand
auch sein Gedicht: „Lütt Matten de Has".

Klaus Groth wurde am 24. April 1819 in Heide, Lüttenheid 48, dem heutigen Klaus-Groth-Museum, als Sohn eines Grützmüllers geboren. Nach dem Besuch der Volksschule war er 1835 zunächst Schreiber beim Kirchspielvogt, besuchte danach für drei Jahre das Lehrerseminar in Tondern (Tønder/DK), wurde Lehrer in Heide und Landkirchen auf Fehmarn. 1849 schied er aus dem Schuldienst aus und lebte fortan als freier Schriftsteller.

Während seines mehrjährigen Aufenthalts auf Fehmarn entstand der „Quickborn", eine Sammlung plattdeutscher Gedichte, die 1853 erstmals erschien und den Dichter berühmt machte. Im selben Jahr siedelte Groth auf nachdrückliches Hinwirken insbesondere von Prof. Karl Müllenhoff (1818–1884) nach Kiel um, wo er im Sommer in der Seebadeanstalt in Düsternbrook (an der Stelle steht heute das Landeshaus) wohnte. Während der Wintermonate lebte Groth bei „Mutter Brandis", wo Lotte Hegewisch (1822–1903) ihm eine ruhige Wohnung besorgt hatte. Sie schreibt dazu: „Ich fand ein gutes Unterkommen für den Winter bei Mutter Brandis, und um ihm zu danken und eine Lebensfreude zu machen, ihm unser aller Freude an dem Quickborn zu zeigen, richtete ich ihm das Zimmer behaglich ein. Mir wurde dazu so viel gegeben, daß ich mit Notwendigem und auch noch mit Erfreulichem das Zimmer füllen konnte, das ihm zum Eigentum ward."

Julie Brandis (1788–1881) war die älteste Tochter des Kieler Professors der Medizin Johann Dietrich Brandis (1762–1845) und heiratete ihren Onkel, den Bruder ihres Vaters. Nachdem 1830 ihr Mann und der

Gedenktafel am Haus von „Mutter Brandis“ für Klaus Groth, der hier u. a. „Lütt Matten de Has“ dichtete.
Foto: Gerd Stolz, Kiel

älteste Sohn beim Brand des Hauses am Rande des Vieburger Gehölzes ums Leben gekommen waren, erwarb sie mit Hilfe von Prof. Franz Hegewisch (1733–1865) das Haus Faulstraße 17, in dem sie zum Lebensunterhalt für sich und ihre sechs Kinder bis zu ihrem Tode im Jahre 1881 ein Pensionat betrieb. Mutter Brandis war eine in Kiel beliebte und bekannte Persönlichkeit. Ihr gilt das Groth'sche Gedicht:

Mutter B.

Wo durch die Bäume hell die Scheiben blinken,
Da liegt ein Haus gar wunderlich gestaltet,
Wo fromm und tätig eine Mutter waltet
Vom frühen Tage, bis die Sterne winken.

Wohl manche Jahre sahen sie versinken
In jene Nacht, die alles Sein erkaltet,
Doch scheinen beide – nimmermehr gealtet –
Im Wechsel neuen Lebensmut zu trinken.

Gestalten in verschiedentlichen Bahnen
Umzogen diese heimatliche Mitte
Und weilten an dem traulich-steten Herde.

Doch wo sie gingen, zog sie stets ein Mahnen
Im Herzen rückwärts zu der schönen Sitte,
Zum Ruheplatz nach diesem Fleckchen Erde.

Das in diesem Haus von Groth geschaffene Gedicht „Matten de Has'“ wurde erstmals in der 1854 erschienenen, 3. „sehr vermehrten und verbesserten“ Auflage des „Quickborn“ gedruckt; die 1856 erschienene 4. Auflage mit Holzschnitten nach Zeichnungen von Otto Speckter (1807–1871) war zugleich die erste illustrierte Ausgabe.

Groth hatte seinem Gedicht „Matten de Has'" ursprünglich die ironische Überschrift „Kameradschaft" gegeben. In seinen „Lebenserinnerungen" schreibt Groth heiter-humoristisch über die Entstehung seines vielleicht berühmtesten Gedichtes im Winterhalbjahr 1853/54:

„Während dieses Kieler Aufenthaltes trat eines Morgens im Garten plötzlich das Bild von Matten Has' vor meinen Geist. Ich nahm mein Notizbuch, um das Gedicht niederzuschreiben, als ich plötzlich mitten in der Arbeit die Hausthür hörte. Herr Gott, wer kommt da? der macht das Gedicht zuschanden, das auf jeden Fall jetzt gut geworden wäre! In meiner Angst hocke ich mich am äußersten Ende des Gartens nieder, dichte und schreibe, als ob es das Leben gelte, sehe die Gartenthür sich öffnen, meinen langen mageren Freund Rehbenitz mit dem sonderbaren Malerhut erscheinen, die Treppe hinabsteigen, die Gartenwege langsam absuchen und, als er endlich vor mir stand, steckte ich, von Angst befreit, das Notizbuch ein, mit der Ueberzeugung, etwas gemacht zu haben, das nicht vergehen soll, so lange die Sprache lebt, in der es geschrieben ist."

Matten de Has'

Lütt Matten de Has'
De mak sik en Spaß,
He weer bit Studeern,
Dat Danzen to leern,
Un danz ganz alleen
Op die achtersten Been.

Keem Reinke de Voß,
Un dach: Das en Kost.
Un seggt: Lüttje Matten,
So flink oppe Padden?
Un danzst hier alleen
Op de achtersten Been?

Kumm lat uns tosam,
Ick kann as de Dam
De Krei de spelt Fitel –
Denn geit dat canditel,
Denn geit dat mal schön
Op die achtersten Been.

Lütt Matten geef Pot,
Die Voß beet em dot,
Un sett sik in Schatten
Verspis' de lütt Matten,
De Krei de kreeg een
Vun de achtersten Been.

Literatur:

SHBL 2, 154–156
Inge Bichel / Ulf Bichel / Joachim Hartig, Klaus Groth – Eine Bildbiographie, Heide 1994
Schriftenreihe der Klaus-Groth-Gesellschaft
Rudolf Bülck, Klaus Groths Kieler Wohnungen. In: Mitteilungen der Gesellschaft für Kieler Stadtgeschichte, H. 4, Oktober 1949, S. 25–30

4 Küterstraße 17

Landesbank Schleswig-Holstein Girozentrale

Stele aus Muschelkalk (210 cm hoch x 110 cm breit x 66 cm tief)
Enthüllung am 23. April 1958

Inschriften:

Vorderseite:
Unter dem in einem Kreis angeordneten Bild (Relief)
von Max Planck

Max Planck
$h = 6{,}62 \cdot 10^{-27}$ erg-sec.

Er wurde
am 23. April 1858 in Kiel
im Hause Küterstraße 17
geboren und starb
am 4. Okt. 1947
in Göttingen.

Rechte Seiteninschrift der Gedenkstele für Max Planck vor dem Hauptgebäude der Landesbank Schleswig-Holstein in der Küterstraße. Foto: Gerd Stolz, Kiel

linke Seite:

Wem es
vergönnt ist
an dem
Aufbau der
exakten
Wissenschaft
mitzuarbeiten
der wird
sein Genügen
und sein
innerliches
Glück finden
in dem
Bewußtsein,
das
Erforschliche
erforscht
zu haben
und das
Unerforschliche
ruhig zu
verehren.

rechte Seite:

Der
große Forscher
und Denker
Max Planck
wirkte von
1885 – 1889 als
Professor der
theoretischen
Physik in Kiel,
später in Berlin.

1900
fand er das
Plancksche
Strahlungsgesetz
und das
elementare
Wirkungs-
Quantum h.

Er begründete
damit die
neuere Atom-
forschung und
das Weltbild der
modernen Physik.

Sein Leben
war voll hoher
Ehren und
schwerer
Geschicke.

Max Planck stammte aus einer alten schwäbisch-preußischen Gelehrtenfamilie, die zahlreiche Beamte, Rechtsgelehrte und Wissenschaftler hervorgebracht hat. Sein Vater Johann Julius Wilhelm Planck war Professor der Rechtswissenschaften an der Christian-Albrechts-Universität in Kiel, seit 1867 in München. Das Geburtshaus Max Plancks war der frühere Jahnshof nahe dem Kleinen Kiel.

Max Planck, um 1940.
Foto: Landesbank Schleswig-Holstein Girozentrale, Kiel

Max Planck besuchte in seiner Heimatstadt, der er zeit seines Lebens verbunden blieb, die Gelehrtenschule bis zum Umzug der Familie 1867 nach München. Nachdem er im Alter von sechzehn Jahren das Abitur bestanden hatte, wusste er nicht, welchen Beruf er wählen sollte; da er auf musikalischem Gebiet – er spielte sehr gut Klavier und Violoncello – sehr begabt war, erkundigte er sich bei seinem Musiklehrer nach den Aussichten eines Musikstudiums und erhielt zur Antwort: „Wenn Sie schon so fragen, studieren Sie etwas anderes!" – So begann Max Planck 1875 das Studium der Physik an der Ludwig-Maximilians-Universität in München, und während jener Jahre erwachte sein Interesse für die Thermodynamik und den Energiebegriff, den zentralen Problemkreis seines weiteren wissenschaftlichen Schaffens.

Auf Max Plancks Promotion im Jahre 1879 folgte ein Jahr später die Habilitation, deren Theorien zunächst nicht die von ihm erhoffte Anerkennung und Beachtung fanden, ja, denen viele Naturwissenschaftler verständnislos gegenüberstanden. Nach einigen Jahren als Privatdozent in München übernahm Planck 1885 eine außerordentliche Professur für theoretische Physik an der Universität in Kiel und wurde 1889 auf Betreiben von Hermann v. Helmholtz als Nachfolger seines einstigen Lehrers Gustav Robert Kirchhoff an die Universität Berlin berufen, wo ihm im Jahre 1900 die fundamentale Entdeckung des „Elementarquantums – h" gelang.

Jahns Hof in der Nähe des Kleinen Kiel, die Geburtstätte Max Plancks, nach einer zeitgenössischen Darstellung.

Als Max Planck am 19. November 1900 in Berlin der Deutschen Physikalischen Gesellschaft seine auf dem Gedenkstein abgebildete Formel des elementaren Wirkungsquantums vortrug, war es der Geburtstag der Quantentheorie und der Beginn einer neuen Periode der Physik. Die volle Tragweite dieser Entdeckung wurde allerdings erst im Laufe der Jahre sichtbar. Für die Begründung der Quantentheorie erhielt Planck im Jahre 1918 den Nobelpreis für Physik.

Als im Jahre 1933 die Nationalsozialisten die Macht in Deutschland übernahmen, machte Planck – als Präsident der Kaiser-Wilhelm-Gesellschaft zur Förderung der Wissenschaften, der er seit 1930 war – den vergeblichen Versuch, bei Hitler für einige Gelehrte einzutreten. Albert Einstein (1879–1955) erklärte seinen Austritt aus der Preußischen Akademie der Wissenschaften und ersparte dadurch seinem langjährigen Freunde Max Planck die Beschämung, ihm den verfügten Ausschluss mitteilen zu müssen. Planck ließ aber, als er Einsteins Ausscheiden bekannt geben musste, protokollieren, dass die Akademie damit ein Mitglied verloren hatte, dessen Arbeiten an die Leistungen von Gelehrten wie Kepler und Newton heranreichten.

Max Plancks Sohn Erwin aus erster Ehe, bis zum 30. Januar 1933 Staatssekretär im Reichskanzleramt, war in die Verschwörung vom 20. Juli 1944 verwickelt, wurde zum Tode verurteilt und am 23. Januar 1945 hingerichtet. Alle Versuche Max Plancks, das Leben seines Sohnes zu retten, scheiterten.

Ein letztes Mal in seiner Heimatstadt Kiel war Planck im Zweiten Weltkrieg, als ihm die Christian-Albrechts-Universität 1944 den Titel eines Ehrensenators verlieh. 1947 wurde er Ehrenbürger der Stadt Kiel.

Die Kaiser-Wilhelm-Gesellschaft, nach dem Zweiten Weltkrieg von Otto Hahn (1870–1968) neu gegründet, deren Präsidentschaft Max Planck 1945/46 noch einmal übernahm, wurde ihm zu Ehren 1946 in „Max-Planck-Gesellschaft zur Förderung der Wissenschaften" umbenannt; sie entwickelte sich bald zur bedeutendsten außeruniversitären Forschungsorganisation in Deutschland.

Literatur:

Bernhard Weiss, M. P. In: DBE, Band 7, Darmstadt/München 1998, S. 684–685

Max Planck. In: Fachlexikon abc – Forscher und Erfinder, Frankfurt/M. 1992, S. 461–463

Max Born, Max Planck 1858–1947. In: Die großen Deutschen Bd. 4, Berlin 1956, S. 229–241

Gerd Stolz, Max Planck – Der Begründer der modernen Physik. In: Schleswig-Holstein, H. 6, Juni 1987, S. 4–6

5 Falckstraße 9

ehemaliger Fanziskaner-Kloster-Kreuzgang
„Theolog. Studienhaus Kieler Kloster“

Grabplatte Graf Adolfs IV. von Schauenburg

Inschrift (nicht mehr vollständig zu entziffern):

Quondam nostrorum pater et speculum
dorminorum, laus Holsatorum, Comes
Adolph regula morum, fragans, flos
florum, lux Scomborsh gemma bono-
rum, certrum doctorum cui contulit,
ordo minorum, ne fraus pravorum
secudat dominiorum, nos precejusto-
rum conducat ad alta polorum.

(Übertragung:
Einst Vater unseres Landes und Vorbild der Herrscher, der Stolz der Holsten, Graf Adolf, das Vorbild der Tugend, die duftende Blume der Blumen, das Licht von Schauenburg, die Perle der Guten. Dir gab der Orden der Minoriten den Ruhmeskranz der Gelehrten. Lass nicht den Trug der niederen Teufel uns verführen, sondern führe uns durch die Bitte der Gerechten zu den Höhen des Himmels.)

In der Schlacht bei Bornhöved am 22. Juli 1227 soll Graf Adolf IV. von Schauenburg (ca. 1205–1261) nach der Überlieferung ein Gelübde abgelegt haben, im Falle des Sieges der vereinigten norddeutschen Fürsten und Städte über den Dänenkönig Waldemar II. aller Macht und allen Besitzes zu entsagen, fortan als einfacher Klosterbruder der Grauen Mönche (Franziskaner) zu wohnen. Die Minoriten hatten als Kleidung nur ein graues Gewand mit Kapuze, und da sie keine Schuhe trugen, wurden sie häufig auch „Barfüßer“ genannt.

Graf Adolf IV. trat um 1245 in das von ihm gestiftete Franziskanerkloster in der kurz vorher von ihm gegründeten Holstenstadt tom Kyle, seiner letzten und erfolgreichsten Stadtgründung, am Westufer der Kieler Förde ein. Er starb am 8. Juli 1261 und soll nach der Überlieferung ursprünglich vor dem Hochaltar im Chor der Klosterkirche bestattet worden sein.

Kieler Kloster, das ehemalige Franziskanerkloster mit Klosterkirchhof.
Foto: Gerd Stolz, Kiel

Oberer Teil des Grabsteines für Graf Adolf IV. von Schauenburg im Kreuzgang des Kieler Klosters. Foto: Gerd Stolz, Kiel

Die (heutige) Grabplatte ist nicht der ursprüngliche Grabstein, vielmehr setzte man sie dem Stadtgründer zum Gedenken im 14. oder 15. Jahrhundert; es wird auch berichtet, dass sie vermutlich anlässlich der Umbettung der Gebeine Graf Adolfs IV. innerhalb der Klosterkirche angefertigt worden sei.

Die Grabplatte zeigt im Mittelfeld Graf Adolf IV. von Schauenburg als barfüßigen Franziskanermönch, in der oberen linken Ecke sein Wappen, das Nesselblatt, das später in das Kieler Stadtwappen aufgenommen wurde und auch Bestandteil des schleswig-holsteinischen Landeswappens ist. In der oberen rechten Ecke ist ein Ritterhelm zu sehen als ein Hinweis auf die Herkunft des Verstorbenen. Die umlaufende sehr schwer lesbare Schrift in gotischen Schriftzeichen und lateinischer Sprache wurde im 19. Jahrhundert möglicherweise nicht in allen Teilen richtig nachgearbeitet; es gibt verschiedene Übersetzungsversuche.

Die Grabplatte in der Kirche zerbrach vermutlich bereits 1598 bei dem Einsturz des Chores in zwei Teile und wurde danach in das östliche Joch des Langhauses überführt, 1889 bei der neugotischen Renovierung der Kirche vom Boden aufgenommen und in die Wand hinter dem damaligen Altar eingelassen. 1946 wurde sie aus den Trümmern der im Zweiten Weltkrieg völlig zerstörten Klosterkirche geborgen und 1950 an ihrem jetzigen

Platz, dem erhaltenen Teil des Kreuzganges des ehemaligen Franziskanerklosters, aufgestellt.

Das Franziskanerkloster in Kiel wurde im Zuge der Reformation 1530 aufgehoben. Das Gebäude diente in den folgenden Jahrzehnten verschiedenen Zwecken, bis es 1665 die Kieler Universität mit ihrer Gründung für über 100 Jahre übernahm. Als dann die Universität auf Veranlassung Katharinas der Großen einen Neubau in der ehemaligen Kattenstraße in Schlossnähe erhielt, wurden große Teile des früheren Klosters abgebrochen. Nur die Kirche mit ihren Gruftkapellen und anderen Anbauten blieb bestehen, erhielt 1889/91 im Rahmen einer rigorosen Renovierung ein völlig anderes Erscheinungsbild und wurde 1944 bei einem Bombenangriff völlig zerstört – nur ein Teil des Kreuzgangs und das mittelalterliche Gewölbe des Raumes, der einst den Franziskanermönchen als Refektorium (Speisesaal) gedient hatte, blieben erhalten.

Grabplatte für Graf Adolf IV. von Schauenburg, den Kieler Stadtgründer.
Aus: H. Eckardt, Alt-Kiel in Wort und Bild, Kiel 1899

6 Flämische Straße 6–10

Kupfertafel (23 cm x 55 cm)
Dezember 1972 angebracht

Inschrift: An dieser Stätte wohnten
Theodor Storm – 1839–1842 – und
Theodor Mommsen 1841–1843

Zu Ostern 1837 immatrikulierte sich der am 14. September 1817 in Husum geborene Theodor Storm als Student der Jurisprudenz an der Christian-Albrechts-Universität in Kiel, an der damals ca. 200 Studenten eingeschrieben waren. Doch bereits nach einem Jahr kehrte Storm der Stadt den Rücken, um sein Studium in Berlin fortzusetzen.

Im Herbst 1839 kehrte er nach Kiel zurück, wo er dann die von ihm auch in der preußischen Hauptstadt vermissten geistigen Anregungen fand und freundschaftlichen Umgang mit dem später berühmt gewordenen Historiker Theodor Mommsen (1817–1903), dem aus Eiderstedt stammenden ersten Nobelpreisträger für Literatur, pflegte. Storm wohnte in dem damaligen Haus des Hofbäckermeisters Andersen, in das dann auch zwei Jahre später Theodor Mommsen zog und das 1913 durch einen Neubau ersetzt wurde.

Zu dem der Dichtung und Poesie zugetanen Kreis um Theodor Mommsen, der „Clique", gehörte auch dessen jüngerer Bruder, der spätere Altphilologe Tycho (1819–1900), der ebenfalls in Kiel studierte und nur wenige Häuser weiter wohnte.

Storm und die Brüder Mommsen beschlossen damals, ihre Versdichtungen gesammelt herauszugeben. 1843 erschien in der Schwers'schen Buchhandlung in Kiel das „Liederbuch dreier Freunde", nachdem Storm im Oktober 1842 nach einer sehr langen Studienzeit von elf Semestern sein juristisches Abschlussexamen abgelegt und im Februar 1843 eine Anwaltspraxis in Husum eröffnet hatte. Von den 120 Gedichten des Bandes stammen 40 von Storm, in denen er meistens dem Geschmack der Zeit folgte. Er nannte es später (1873) ein „Flügelprüfen".

Im August 1845 schrieb Storm über jene Zeit in Kiel an seine Verlobte Constanze Esmarch: „Wie reich war ich in Kiel! ... ein beständiger, lebendiger Gedankenaustausch. Durch diesen Verkehr hatten sich so mannigfache Beziehungen uns aufgetan, daß dadurch ein merkwürdig schnelles übereinstimmendes Auffassen und Beurteilen aller geistigen Erscheinungen, die wir in unsern Kreis zogen, entstand. Doch selten waren wir alle

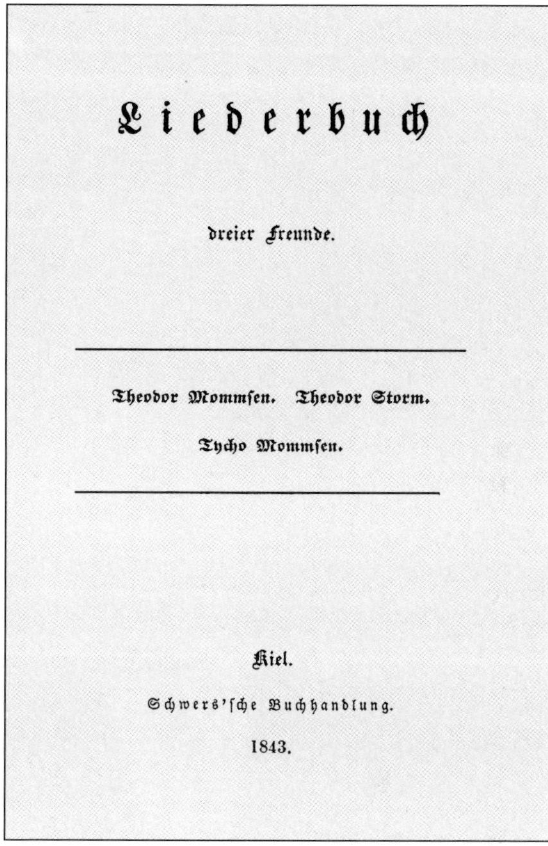
Liederbuch

dreier Freunde.

Theodor Mommsen. Theodor Storm.

Tycho Mommsen.

Kiel.

Schwers'sche Buchhandlung.

1843.

Titelseite der Erstausgabe des „Liederbuch dreier Freunde“

beisammen, ich verkehrte einzeln mit ihnen, so daß dieser wechselnde Verkehr mit so verschiedenen Persönlichkeiten stets aufs neue anregte und erfrischte. Ich habe mit diesen Leuten manche gute Stunde gelebt!“

Ein großer Teil der Stormschen Gedichte in dem „Liederbuch“ ist begründet in seiner damaligen Liebe zu Bertha von Buchan (1826–1903), seiner ersten großen, doch zunächst wohl mehr platonischen Liebe. Er hatte zu Weihnachten 1836 das damals zehnjährige Mädchen bei Verwandten in Altona kennen gelernt; mitten in seinen Examensvorbereitungen Ostern 1842 hielt Storm in aller Form um die Hand der noch nicht Sechzehnjährigen an, doch wurde seine Werbung abgewiesen.

Zu den Gedichten Storms, die das Bertha-Erlebnis widerspiegeln, gehört u. a. „Junges Leid“, dessen erste und letzte Strophe lauten:

Theodor Storm
Radierung von Johann Lindner aus dem Jahre 1888 nach einer Fotografie vom Juli 1886. Foto: Schleswig-Holsteinische Landesbibliothek, Kiel

Und blieb dein Aug' denn immer ohne Tränen?
Ergriff dich denn im kerzenhellen Saal,
Hinschleichend in des Tanzes Zaubertönen,
Niemals ein dunkler Schauer meiner Qual?

O kehr zurück, und wandle, was vergangen,
In dunkle Schmerzen der Erinnerung!
Noch blüht dein Mund, noch glühen deine Wangen;
Noch ist mein Herz wie deines stark und jung.

In jenen Jahren, in jener Zeit zeigt sich bereits die sinnliche, erotische Dichtkunst Storms, die später wiederholt feierlich-großzügig und leidenschaftlich sein Schaffen durchzieht.

Jene Zeit mit den Brüdern Mommsen waren Monate eines „beständigen, lebendigen Gedankenaustausches", wobei eine strenge Kritik von keiner Seite fehlte. Rückblickend hat Storm später in der Erinnerung an diese Kieler Zeit Theodor Mommsen den „bedeutendsten jungen Mann" genannt, den er in seinem Leben kennen gelernt hätte.

Literatur zu Theodor Storm:

SHBL 1, 265–269
Gerd Eversberg, Storms erste große Liebe, Heide 1995
Peter Goldammer, Theodor Storm, 4. Auflage, Leipzig 1990
Karl Ernst Laage, Theodor Storm – Leben und Werk, 4. Auflage, Husum 1986
Karl Ernst Laage, Theodor Storm – Eine Biographie, Heide 1999
Ingwert Paulsen, Das „Liederbuch dreier Freunde". In: Schriften der Theodor-Storm-Gesellschaft 23, Heide 1974, S. 62–64

Literatur zu Theodor Mommsen:

SHBL 4, 154–159
Lothar Wickert, Theodor Mommsen – 1817–1903. In: Die großen Deutschen, Bd. 3, Berlin 1956, S. 572–581

7 Holstenstraße 14

Bronzetafel (40 cm x 32 cm)
am 5. 12. 1969 enthüllt

Inschrift:

An dieser Stelle wohnte
in den Jahren 1802–1804
der Universitätssyndikus
und ordentliche Profes-
sor für Kriminalrecht
Anselm
von Feuerbach

geb. am 14. 11. 1775
in Hainichen bei Jena
gest. 29. 5. 1833 in Ansbach.
Er war einer der bedeu-
tendsten Rechtslehrer
und reformierte das
deutsche Strafrecht.

Mit seinen Arbeiten leitete der selbstbewusste und streitbare Anselm von Feuerbach die moderne Strafgesetzgebungsgeschichte ein. Im Alter von 22 Jahren – als er noch Student der Rechtswissenschaften in Jena war – gründete Feuerbach die Zeitschrift „Bibliothek der peinlichen Rechtswissenschaft und Gesetzeskunde“ und begann darin mit Beiträgen seine straftheoretischen Kämpfe, die schließlich dem modernen Strafrecht zum Durchbruch verhalfen.

Der in Jena mit recht erfolgreicher Lehrtätigkeit seit 1799 hervorgetretene Feuerbach nahm 1802 den Ruf nach Kiel an, wo er Lehrstuhlnachfolger von Anton Friedrich Justus Thibaut (1772–1840) wurde. Während seiner Kieler Zeit vom 17. April 1802 bis Ende März 1804 wohnte Feuerbach in dem Haus Holstenstraße 14 zur Miete.

Als Ordinarius für Strafrecht in Kiel verfasste Feuerbach die „Kritik des Kleinschrodtschen Entwurfes zu einem peinlichen Gesetzbuche für die Chur-Bayrischen Staaten“, die 1804 in Gießen veröffentlicht wurden. Die umfassende und bedeutende Schrift war der Anlass, Feuerbach 1804 nach Bayern an die Universität Landshut zu berufen, um die bayerischen Gesetzgebungsarbeiten im Strafrecht zu leiten. 1813 erschien dann das „Strafgesetzbuch für das Königreich Baiern“, ein epochales Gesetzeswerk, das als Modell der Kriminalgesetzgebung der deutschen Staaten im 19. Jahrhundert vorbildliche Bedeutung erlangte.

Paul Johann Anselm von Feuerbach,
Lithographie von G. Bodmer nach einem Gemälde von Kraul, um 1820.
Foto: Schleswig-Holsteinische Landesbibliothek, Kiel

Literatur:

Friedrich Merzbacher, Anselm von Feuerbach. In: NDB, 5. Bd. Berlin 1961, S. 110 – 111 (mit weiteren Literaturhinweisen)

8 Dänische Straße 24

Bronzetafel (67 cm x 90 cm) übergeben am 19. Juni 1963

Gedenktafel für Nikolaus Falck.
Foto: Gerd Stolz, Kiel

Inschrift:
Hier stand das Haus, in dem
Nikolaus Falck
wohnte, geb. 25. 11. 1784 in
Emmerleff, gest. 11. 5. 1850
in Kiel. Er lehrte – seit 1815
als Ordinarius – deut-
sches und schleswig-
holsteinisches Recht
an der Universität Kiel und
war Mitglied der
holsteinischen und
schleswigschen Stände-
versammlung von 1834– 40;
der schleswigschen
Ständeversammlung, deren
Präsident er viermal war,
von 1841–1846, und der
Schleswig-Holsteini-
schen Landesversammlung
während der Erhebung
1848/49. Falck war gleich
verdient als Universi-
tätslehrer wie als Ver-
treter der Landessache.

Nicolaus Falck wirkte 35 Jahre lang bis zu seinem Tode als Professor des deutschen und schleswig-holsteinischen Rechts in Kiel, wo er zuvor auch Theologie und Philologie studiert hatte; hier pflegte er auch engen Kontakt zu seinem Freund Friedrich Christoph Dahlmann bis zu dessen Weggang 1829 nach Göttingen. Falck trat zwar nachhaltig für die Zusammengehörigkeit der Herzogtümer ein, stand der schleswig-holsteinischen Erhebung von 1848/51 jedoch distanziert gegenüber. Er war Mitglied der schleswigschen und holsteinischen Ständeversammlung von 1834–1840, viermal von 1841–1846 Präsident der schleswigschen Ständeversammlung und Mitglied der Schleswig-Holsteinischen Landesversammlung von 1848/49.

Falck galt als eine Autorität in allen Fragen des heimischen Rechts, genoss großes Ansehen als akademischer Lehrer und das Vertrauen seiner Landsleute.

Von 1821–1845 gab Falck das „Staatsbürgerliche Magazin“, eine Zeitschrift der allgemeinen Landeskunde, heraus. Gegen den „Offenen Brief“ König Cristians VIII. von 1846 wandte er sich in demselben Jahr mit acht anderen Kieler Professoren mit der Schrift „Staats- und Erbrecht des Herzogthums Schleswig“. Falcks Hauptwerk ist das von 1821–1841 in 20 Bänden erschienene „Handbuch des schleswigholsteinischen Rechts“.

Falck wurde auf dem St. Jürgen-Friedhof in Kiel beigesetzt. Nach Zerstörung des Friedhofes im Zweiten Weltkrieg wurde sein Grabstein 1955 auf dem Parkfriedhof Eichhof umgesetzt.

Das 1955 vom ehemaligen St. Jürgen-Friedhof umgesetzte Grabmal von Nikolaus Falck in Kiel auf dem Parkfriedhof Eichhof.
Foto: Gerd Stolz, Kiel

Literatur:

Gerd Stolz, Kleiner Führer über den Kieler Park-Friedhof Eichhof, Kiel 2000

9 Lorentzendamm 24

Industrie- und Handelskammer zu Kiel

Bronzeplatte (67 cm x 89 cm)

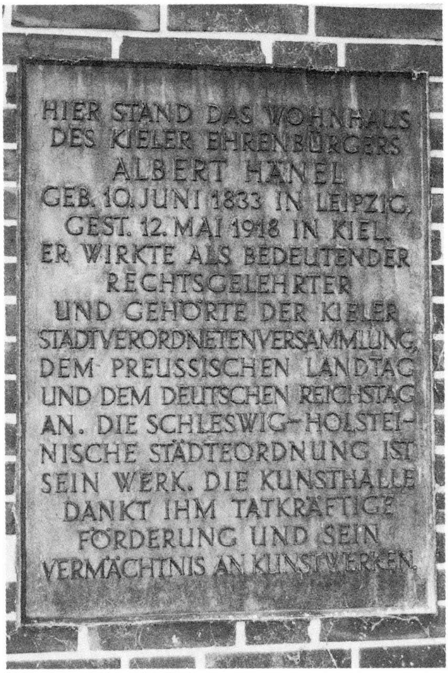

Gedenktafel für den Kieler Ehrenbürger Albert Hänel am Gebäude der Industrie- und Handelskammer zu Kiel.
Foto: Gerd Stolz, Kiel

Inschrift:

Hier stand das Wohnhaus
des Kieler Ehrenbürgers
Albert Hänel
geb. 10. Juni 1833 in Leipzig,
gest. 12. Mai 1918 in Kiel.
Er wirkte als bedeutender
Rechtsgelehrter
und gehörte der Kieler
Stadtverordnetenversammlung,
dem Preußischen Landtag
und dem Deutschen Reichstag
an. Die schleswig-holstei-
nische Städteordnung ist
sein Werk. Die Kunsthalle
dankt ihm tatkräftige
Förderung und sein
Vermächtnis an Kunstwerken.

Albert Hänel zählt mit Wilhelm Ahlmann zu den führenden Liberalen in Schleswig-Holstein im 19. Jahrhundert, die zwar das geistige Gesicht jener Zeit mit prägten, denen jedoch die Dynamik und Gestaltungskraft zur Umsetzung ihrer Leitvorstellungen im politischen Alltag fehlten. Hänels hervorragendes Wirken liegt im wissenschaftlichen Bereich als Staats- und Verfassungsrechtler.

Durch seinen Stiefvater Heinrich Laube (1806–1884), den späteren Direktor des Wiener Burgtheaters und Mitglied des Frankfurter Paulskirchen-Parlaments, kam Hänel früh mit politisch fortschrittlichem Gedankengut wie mit künstlerischen Bewegungen in Berührung; als 15-Jähriger hörte Hänel den Verhandlungen in der Nationalversammlung in der Paulskirche zu.

Nach dem Studium der Rechte in Wien, Leipzig und Heidelberg sowie kurzer Lehrtätigkeit in Leipzig und Königsberg erhielt Hänel 1863 einen Lehrstuhl als Professor der Rechte in Kiel – er hatte ihn bis zu seiner Emeritierung 1911 inne. In Schleswig-Holstein trat Hänel schon bald für die Zugehörigkeit der Herzogtümer als selbständiges Mitglied eines deutschen Staatsgefüges unter Anlehnung an, nicht aber Eingliederung in Preußen ein, konnte sein Konzept aber angesichts der machtpolitischen Verhältnisse nicht durchsetzen. Er gehörte mehrere Jahre als Abgeordneter dem preußischen Landtag (1867–1888) wie dem Reichstag (1867–1893 und 1898–1903) an.

Hänels Hauptwerk ist die schleswig-holsteinische Städteordnung von 1869, die freiheitlichste in Preußen – sie kannte u. a. kein Dreiklassenwahlrecht. Unentwegt setzte er sich auch für die Selbstverwaltung der Kommunen und die verfassungsmäßigen Zuständigkeiten des Parlaments ein.

Hänel war ein großer Kunstfreund und 1890–1917 Vorsitzender des Schleswig-Holsteinischen Kunstvereins; in dieser Aufgabe setzte er sich u. a. für den Neubau der Kunsthalle in Kiel ein. Als am 26. 11. 1911 das (neue) Kieler Rathaus eingeweiht wurde, verlieh die Stadt Kiel dem Prinzen Heinrich von Preußen und Hänel das Ehrenbürger-Recht. Seine Sammlung und Bibliothek sowie Wohnhaus und einen Teil seines Barvermögens vermachte Hänel, der auf dem Kieler Südfriedhof begraben wurde, testamentarisch der nach ihm benannten Stiftung der Kieler Universität. In sein Wohnhaus Lorentzendamm/Ecke Bergstraße, das im Zweiten Weltkrieg zerstört wurde, zog am 12. Mai 1919 – ein Jahr nach seinem Tode – das Juristische Seminar der Universität ein.

Hänels Wirken und Tätigkeit war geprägt von Toleranz; er wandte sich gegen die nachteilige Behandlung der polnisch sprechenden Bevölkerung in Posen und Westpreußen wie auch der dänischen Minderheit in (Nord-)Schleswig, trat den Bestrebungen einer Behandlung der jüdischen Bürger als Rassenfrage entgegen.

Literatur:

SHBL 4, 76–79

Gerd Stolz, Kleiner Führer über den Südfriedhof in der Landeshauptstadt Kiel, Kiel 1996

10 Lorentzendamm 43

(früher Dammstraße 20)

Bronzetafel (40 cm x 70 cm)
am 8. 12. 1969 übergeben

Inschrift: Dr. Hermann Anschütz-Kaempfe
geb. 3.10.1872 in Zweibrücken
gest. 6.5.1951 in München
begründete an dieser Stelle (früher Dammstraße 20) im Jahre 1905 die heute weltbekannte Kreiselkompaßfirma Anschütz & Co.
Um 1900 plante er eine U-Boot-Expedition zum Nordpol und entwickelte dafür einen vom Erdmagnetismus unabhängigen Kreisel-Richtungshalter. Daraus entstand der erste Kreiselkompaß, ohne den die moderne Schiffahrt nicht denkbar ist. Seine Bahnbrechenden Ideen wirken bis in die Weltraumfahrt nach. In der Förderung sozialer Gedanken war Anschütz seiner Zeit weit voraus.

Gedenktafel für Hermann Anschütz-Kaempfe. Foto: Gerd Stolz, Kiel

Anschütz-Kaempfe hatte zunächst Medizin studiert und promovierte in Kunstgeschichte mit einer Arbeit über die venezianischen Maler des 16. Jahrhunderts. Während seines Studiums hatte er dann den wohlhabenden österreichischen Kunsthistoriker Dr. Kaempfe kennen gelernt, der ihn im Jahre 1900 adoptierte und ihm ein ansehnliches Vermögen hinterließ.

Hermann Anschütz-Kaempfe,
Porträt von Leo Pulz aus dem Jahre 1910.
Foto: Schleswig-Holsteinische Landesbibliothek, Kiel

Anschütz-Kaempfe plante später eine Nordpolar-Expedition, die er in einem unter dem Eis fahrenden U-Boot machen wollte, und benötigte dafür einen Kompass, der auch in einem rundum von Eisen umschlossenen Raum funktionierte.

In zahlreichen Konstruktionen fand Anschütz-Kaempfe, der weder Physiker noch Ingenieur war, zu der gesuchten Navigationshilfe, dem Kreiselkompass, wobei ihn diese Aufgabe so fesselte, dass er die geplante Expedition aufgab.

Zur patentrechtlichen Auswertung seiner Erfindung engagierte Anschütz-Kaempfe einen jungen Wissenschaftler namens Albert Einstein nach Kiel, der ein enger Freund wurde und das Segelrevier der Kieler Förde so sehr schätzte, dass er beinahe dort geblieben wäre.

Zur wirtschaftlichen Verwertung seiner Erfindung gründete Anschütz-Kaempfe 1905 in Kiel die Firma Anschütz & Co., die außer Kreiselkompassen auch andere Geräte der Schiffsnavigationstechnik und automatische Steuerungen herstellt und heute Teil des US-amerikanischen Konzerns Raytheon Marine Corporation ist.

Literatur:

NDB, 1. Bd. Berlin 1953, S. 308–309
SHBL 1, 43–44

11 Lorentzendamm/Ecke Dahlmannstraße

am Kleinen Kiel

Klaus-Groth-Denkmal (Brunnenanlage)

Brunnenwand aus Kirchheimer Muschelkalkstein, 13 m lang x 2,90 m hoch mit 3 m hoher Bronzefigur auf 2 m hohem Sockel

Am 28. September 1912 wurde das Denkmal mit der Brunnenanlage zum ersten Mal, am 21. Juni 1949 während der ersten „richtigen“ Kieler Woche nach dem Zweiten Weltkrieg zum zweiten Mal enthüllt.

Kiel war Klaus Groth (1819–1899) zur Heimat geworden, hier hatte er von 1853 bis zu seinem Tode im Jahre 1899, ab 1866 in seinem Haus am Schwanenweg, gelebt.

Zwar hatte die Stadt schon zu seinem 70. Geburtstag dem Platz, an dem sein Haus stand, seinen Namen gegeben und den Altmeister der plattdeutschen Sprache zu seinem 80. Geburtstag zum Ehrenbürger ernannt, doch gab es bereits zu Groths Lebzeiten Überlegungen für ein ihm zu errichtendes Denkmal.

Der Anstoß zu dem Denkmal ging allerdings von Berlin aus. Dort hatte nach vielen vorbereitenden Gesprächen zu Groths 80. Geburtstag ein Komitee von Freunden des Dichters einen Spendenaufruf für ein Denkmal erlassen, und bald darauf bildete sich auch in Kiel ein Ausschuss, der mit dem Berliner Komitee, dem Allgemeinen Plattdeutschen Verband und der Stadt Kiel die Mittel für das Denkmal zusammentragen wollte. Nach zehn Jahren waren jedoch nur 16 000 Mark zusammengekommen. Da beschloss auf Vermittlung von Oberbürgermeister Dr. Fuß der Kieler Verschönerungsverein, den Betrag von 25 000 Mark, der für einen Schmuckbrunnen in der Stadt vorgesehen war, für das Groth-Denkmal unter der Bedingung bereitzustellen, dass das Denkmal zugleich als Brunnenanlage errichtet würde.

Den Auftrag erhielt der damals sehr erfolgreiche, aus Kiel gebürtige Bildhauer Heinrich Mißfeldt (1872–1945) in Berlin-Friedenau, dessen von der Stadt Kiel zum 80. Geburtstag des Dichters in Auftrag gegebene Statuette jener mit den Worten anerkannt hatte: „Dat is dat best’, wat vun mi maakt wurn is.“ Mißfeldt legte 1911 einen Entwurf für das Denkmal vor, der noch sechs Enten vorsah, aus deren Schnäbeln Wasser fließen sollte – sie wurden als Wasserquellen dann durch Brunnenschalen ersetzt.

Am 28. September 1912 wurde das Denkmal in einer Feierstunde ent-

Klaus-Groth-Denkmal von Heinrich Mißfeldt. Foto: Gerd Stolz, Kiel

hüllt, an der Klaus Groths Sohn Karl mit Familie, zahlreiche Freunde des Dichters, Vertreter der Stadt Kiel und zahlreicher plattdeutscher Vereine teilnahmen.

Zu der Enthüllungsfeier hatte Heinrich Mißfeldt durch die Berliner Firma Otto Oertel eine Erinnerungsmedaille in Silber und Bronze prägen lassen, die auf der Vorderseite das Standbild des Dichters, auf der Rückseite ein Bild zu dem Gedicht „Matten de Has“ zeigt.

Das Denkmal zeigt links und rechts von der Figur im Sockel die Wappen von Kiel und Heide sowie das Geburts- und Todesdatum des Dichters. Die halbrunde und -hohe Wand ist zu beiden Seiten der Figur ausgefüllt mit sechs aus dem Muschelkalk ausgehauenen szenischen Reliefs, davon fünf nach Motiven aus dem „Quickborn“, während eins (das mittlere rechts) eine Szene aus dem „Heisterkrog“ zeigt. Die fünf Quickborngedichte sind „Still, min Hanne, hör mi to!“, „De Sünndagmorgen“, „Dat weer en lüttje Burdiern“, „Schön Anna stunn vaer Stratendaer“ und „Lat mi gan, min Moder slöpt“.
An den Seitenwänden liest man vier Verse aus dem „Quickborn“:

Min Modersprak so slicht un recht,
du ole frame Red!
Wenn blot een Mund: „Min Vadder“ seggt,
so klingt mi't as en Bed.

Darunter:

Frisch Water ut den Sot
is voer alle Wehdag got.
Water, rein un hell,
is de wahre Lebensquell.

Auf der anderen Seite:

Och, frei di an de schöne Welt
un wes' nicht so vernünfti!
Lat er man lopen as se löppt,
rund blifft se ok inskünfti!

Darunter:

Drinkt all Dag Water
un holt ju rein,
so ward sik de Engel
in Himmel frein!

„... hat Mißfeldt den Dichter auch jetzt wieder in jenem charakteristischen, bequemen Überzieher dargestellt, in dem er zu Lebzeiten uns auf der Straße begegnete, den Gast im Garten empfing ... wie damals, so hält

Relief „De Sünndagmorgen“, Motiv nach dem gleichnamigen Quickborn-Gedicht, am Klaus-Groth-Denkmal.
Foto: Gerd Stolz, Kiel

der Quickbornsänger auch heute den linken Arm leicht an den Körper gedrückt bis zur Brusthöhe erhoben, während die Rechte sich rückwärtig auf die Oberkante der Brunnenwand stützt“, schrieb Georg Hoffmann, der Schriftleiter der Kieler Zeitung, anlässlich der Enthüllung.

31 Jahre stand die Figur Klaus Groths am Kleinen Kiel. Eines Nachts im Jahre 1943 wurde sie zum Einschmelzen vom Sockel geholt – wozu es dann glücklicherweise nicht kam. Ein Mitarbeiter der Kieler Volkszeitung, der von den „Denkmalfriedhöfen“ in Hamburg wusste, fand sie 1949 auf dem Hof einer Fabrik in Hamburg-Wilhelmsburg unter Hunderten anderer Figuren. Auf dem Karteiblatt war sie eingetragen als „unbekannter alter Mann/großer Zivilist“.

Die Stadt Kiel kaufte das Standbild zurück – für 550 kg Bronze musste sie im Jahre 1949 als Schrottpreis 801,90 DM zahlen.

Die Bronzefigur wurde nach Kiel gebracht, an ihrem ursprünglichen Platz wieder aufgestellt und am 21. Juni 1949 erneut – zum zweiten Mal – enthüllt. Oberbürgermeister Andreas Gayk nannte in der vom Landeskulturring und mehreren plattdeutschen Vereinen veranstalteten Feierstunde das Standbild des Kieler Ehrenbürgers einen „unfreiwilligen Emigranten“. Allein, die alte Funktion als Brunnen hat das Denkmal nach dem Zweiten Weltkrieg bis heute nicht wiedererlangt.

Literatur: (s. auch Nr. 16)

Fritz Wischer, Das Klaus-Groth-Denkmal in Kiel und das sechzigjährige Jubiläum des „Quickborn“. In: Die Heimat, 22. Jg., H. 10, Oktober 1912, S. 234–242
Hans Schramm, Die Einweihung des Klaus-Groth-Denkmals in Kiel. In: Niedersachsen, 18. Jg., Nr. 3, 1. November 1912, S. 56–59
Hans Hübner, 50 Jahre Klaus-Groth-Denkmal in Kiel. In: Mitteilungen der Gesellschaft für Kieler Stadtgeschichte, Oktober 1962, H. 4, S. 245–252
Nicolaus Detlefsen, Klaus-Groth-Denkmäler in Kiel. In: Die Heimat, 76. Jg., H. 4, April 1969, S. 107–110

12 Niemannsweg

Nähe Schwesterngang

Sandsteinstele (1,67 m hoch)
1965 aufgestellt

Gedenktafel für August Christian Heinrich Niemann am Niemannsweg.
Foto: Gerd Stolz, Kiel

Inschrift:
Aug. Ch. H. Niemann
30. I. 1761–21. V. 1832
Seit 1791 Professor an
der Universität Kiel

‚Der bessren Zukunft
weiht er seine Tage'

Diese Inschrift setzten
seine Schüler auf
seinen Grabstein
auf dem St. Jürgen
Friedhof in Kiel

Ihrem Gründer
in Dankbarkeit
die Gesellschaft
freiwilliger Armen-
freunde und die
Kieler Spar- und
Leihkasse – 1965

Der nach einem Gestaltungsvorschlag des Kieler Architekten W. Neveling von der Kieler Bildhauerin Gertrud Wiebke Schröder (1897–1977) geschaffene Stein erinnert an August Christian Heinrich Niemann, Professor der Kameralwissenschaften an der Christian-Albrechts-Universität in Kiel von 1794 bis zu seinem Tode im Jahre 1832. Aus Dankbarkeit hatten seine Schüler ihm einst den Vers auf seinen Grabstein auf dem St. Jürgen-Friedhof in Kiel gesetzt, der im Zweiten Weltkrieg zerstört wurde.

Niemann ist der Gründer der Kieler „Forstlehranstalt" mit einer Ergänzung für die praktische Ausbildung durch die Düvelsbeker Baumschule, auf die die heutige „Forstbaumschule" zurückzuführen ist. An der Forstlehranstalt unterrichtete er jahrzehntelang über „Waldnaturlehre, besonders Waldbaumkunde und Holzzucht", also Forstwirtschaft.

August Christian Heinrich Niemann, um 1800. Foto: Schleswig-Holsteinische Landesbibliothek, Kiel

Niemann förderte außerdem an der Universität in Kiel die Wirtschaftswissenschaft, die als Kameralwissenschaft an anderen deutschen Universitäten gelehrt wurde, und weitete die Statistik zu einer umfassenden Landeskunde aus. Er gehörte zu den Gründungsmitgliedern der Patriotischen Gesellschaft für Schleswig-Holstein (1786) sowie in Kiel außerdem der Gesellschaft freiwilliger Armenfreunde (1793) und der Kieler Spar- und Leihkasse (1796).

Zwei Berufungen auf Lehrstühle an die Universitäten in Greifswald und Landshut lehnte Niemann ab.

Den Feldweg von der Stadt, wo im Schloss die Forstlehranstalt war, über die Höhen von Düsternbrook bis zur Forstbaumschule, der dann Ende des 19. Jahrhunderts zu der nach ihm benannten Straße ausgebaut wurde, ist Niemann im Laufe seines Lebens viele Male zu Fuß gegangen.

Literatur:

SHBL 1, 208–210

Landeshauptstadt Kiel – Grünflächenamt, Begleiter durch die Forstbaumschule und den Diederichsen-Park, (Kiel) 1998

13 Brunswiker Straße 4

Medizinaluntersuchungsamt Schleswig-Holstein

Marmortafel (55 cm x 31 cm)

Inschrift:

Hier wirkte
Professor Dr. Otto Diels
* 1876 † 1954
Nobelpreisträger für Chemie 1950

Otto Diels gehört zu den bedeutendsten organischen Chemikern, die in der 1. Hälfte des 20. Jahrhunderts gewirkt haben.

Der am 23. Januar 1876 in Hamburg geborene Diels ging in Berlin zur Schule und begann hier auch 1895 das Studium der Chemie. Vom 1. April 1916 bis 1. Oktober 1948 war er Leiter des Chemischen Instituts in Kiel; als es am 17. August 1944 bei einem Bombenangriff zerstört wurde, beendete Diels zwar seine wissenschaftliche Tätigkeit, half aber ab 1946 beim Neuaufbau und übernahm erneut bis zur Berufung eines Nachfolgers die Leitung des Chemischen Instituts.

Gedenktafel für Otto Diels am Gebäude des ehemaligen Hygiene-Instituts.
Foto: Gerd Stolz, Kiel

Otto Diels, um 1930.
Foto: Schleswig-Holsteinische Landesbibliothek, Kiel

Diels war ein eifriger und erfolgreicher Forscher. „Das wichtigste Forschungsergebnis von Diels ist die Auffindung der sog. Dien-Synthese, die ihm gemeinsam mit seinem Schüler Kurt Adler 1928 gelungen ist und für die den beiden Chemikern 1950 der Nobelpreis zuerkannt wurde“ (NDB 3, 647).

Diels, der am 17. März 1954 in Kiel starb, war u. a. Mitglied der Bayerischen Akademie der Wissenschaften in München, der Akademie der Wissenschaften in Göttingen und Halle (Leopoldina).

Literatur:

SHBL 1, 126–127
Neue Deutsche Biographie, 3. Bd., Berlin, 1957, S. 647
Fachlexikon abc – Forscher und Erfinder, Frankfurt/M. 1992, S. 154–155

14 Niemannsweg 26

(Hauszufahrt)

Bronzetafel (18 x 60 cm)
am 21. 12. 1968 übergeben

Inschrift:

Auf diesem Grundstück befand sich
das Wohnhaus des
schleswig-holsteinischen Erzählers
Timm Kröger
geb. am 29. 11. 1844 in Haale b. Rendsburg
gest. am 29. 3. 1918 hier in seinem Hause

Der Landwirtssohn Timm Kröger bewirtschaftete nach Beendigung der Volksschule zunächst den Altenteil seiner verwitweten Mutter und entschloss sich erst mit 18 Jahren zum Studium, auf das er sich auf der Kieler Gelehrtenschule und durch Privatunterricht vorbereitete. 1864 nahm er das Jura-Studium in Kiel auf, wechselte später nach Zürich, Leipzig

Gedenktafel für Timm Kröger an der Grundstückszufahrt Niemannsweg 26.
Foto: Gerd Stolz, Kiel

und Berlin. Als Referendar war er in Meldorf, Altona und Kiel, als Assessor in Calbe/Saale, Lyck und Pillkallen, ab 1874 als Kreisrichter in Angerburg, danach als Staatsanwalt in Marienburg und ließ sich 1876 als Rechtsanwalt und Notar in Flensburg, vier Jahre später in Elmshorn nieder.

Im Alter von 44 Jahren begann Kröger mit seiner schriftstellerischen Tätigkeit und übersiedelte 1892 nach Kiel, wo er 1903 seine Rechtsanwaltspraxis niederlegte und fortan als freier Schriftsteller lebte. Nach seinem Umzug wohnte Kröger zunächst in einer Mietwohnung in der Reventlouallee, dann von 1894 bis zu seinem Tode in dem Haus im Niemannsweg 26, das er sich dort bauen ließ.

Timm Kröger, um 1920.
Foto: Schleswig-Holsteinische Landesbibliothek, Kiel

Kröger fand erst im reifen Alter zur Schriftstellerei und bedauerte später einmal in einer von ihm aufgestellten Lebensskizze, dass der juristische Beruf ihn so lange von dem Beruf aus Neigung abgehalten, er „so viel Zeit in Zaudern und Zagen verzettelt" hätte. Krögers Erzählkunst ist der Landschaft und Natur seiner schleswig-holsteinischen Heimat entwachsen, er schildert Menschen, deren Vorbildern er in seiner Jugend begegnete, oder verleiht ihnen autobiographische Züge. Fragen nach Sinn und Ziel des Lebens, dem Kern menschlichen Wesens fließen in seine Werke ein, ohne in religiöse Frömmigkeit umzukehren.

Literatur:

Joachim Hartig, T. K. In: Neue Deutsche Biographie, 13. Bd., Berlin 1982, S. 57–58

15 Düsternbrooker Weg 19

Alter Botanischer Garten
Pavillon (Turm)

Nische
Sandsteintafel (82 cm x 120 cm) – Kopie

Inschrift:

Munificentia	(Durch die Freigiebigkeit
Christiani VII	Christians VII.,
Patris Patriae	des Vaters des Vaterlandes,
Auctoritate	auf Anordnung
Frid. Com. a Reventlow	des Grafen Friedrich von Reventlow,
Curatoris Academiae	des Kurators der Universität,
Diligentia	durch die Fürsorge
Weberi. Fischeri. Tamseni.	Webers, Fischers, Tamsens,
Praefectorum operi	der Vorsteher des Werkes,
Hortus hic medicus instructus	wurde dieser Arzneigarten
MDCCCIII	angelegt
	1803.)

Außenwand beim Treppenaufgang
Marmortafel

Inschrift:

Dr. h. c.
Hermann Jacobsen
1898–1978
Technischer Leiter
des Botanischen Gartens
1929–1963

in dankbarer Anerkennung
seiner Verdienste

Christian-Albrechts-Universität. Kiel
Verein zur Erhaltung und Förderung
des Alten Botanischen Gartens

1988

Die in einer Nische in der Außenwand des Pavillons angebrachte Tafel ist eine Nachbildung der Gedenktafel, deren Original seit 1876 hier hing und 1978 an das Pförtnergebäude des Neuen Botanischen Gartens versetzt wurde. Die Tafel weist auf die Gründung des (dritten) Botanischen Gartens in Kiel im Jahre 1803 hin.

Gedenktafel für Hermann Jacobsen am Aussichtspavillon (Treppenaufgang) im Alten Botanischen Garten. Foto: Gerd Stolz, Kiel

Die Anlage botanischer Gärten reicht bis weit in das Mittelalter zurück und leitet sich von den Klostergärten ab, in denen es in erster Linie Heilpflanzen für medizinische Zwecke gab. Diese Art Einrichtung wurde dann später von medizinischen Hochschulen und Universitäten übernommen.

Der älteste Botanische Garten in Kiel wurde von dem Professor der Medizin Johann Daniel Major im Jahre 1669 im Bereich des Schlossgartens angelegt und verfiel 1693 nach dem Tode seines Gründers.

Den zweiten Botanischen Garten gründete 1727 die Universität nahe am Kleinen Kiel im Bereich der heutigen Falckstraße und verpflichtete in einem Vertrag mit dem Ratsapotheker ihn bzw. seine Nachfolger zur Unterhaltung der Anlage.

Im Jahre 1803 wurde dann auf Betreiben von Friedrich Graf von Reventlow, dem 1800 berufenen Kurator der Universität, der dritte Botanische Garten an der Prüne, am damaligen Stadtrand, aber in der Nähe des 1802 eingerichteten Universitätshospitals, eingerichtet. Die Tafel nennt den Stifter wie auch die eigentlichen Gründer, die Professoren Georg Heinrich Weber (1752–1828) und Johann Leonhard Fischer (1760–1828) sowie den Kaufmann Berend Jacob Tamsen. Dieser Botanische Garten bestand bis 1884 und hatte nach einem 1822 erschienenen Verzeichnis ca. 6 000 Pflanzen.

Aussichtspavillon im Alten Botanischen Garten am Düsternbrooker Weg.
Foto: Gerd Stolz, Kiel

Der vierte Kieler Botanische Garten am Düsternbrooker Weg bestand als solcher von 1884 bis 1978, bis im neuen Universitätsgelände an der Olshausenstraße der fünfte in Betrieb genommen wurde. Ein Verein übernahm das seither Alter Botanischer Garten genannte und unter Landschaftsschutz gestellte Gelände von 2,1 ha Größe; er kümmert sich um Ergänzung und Erhalt des reichhaltigen, schönen Baumbestandes und ließ auch 1994 den 1891 errichteten Aussichtsturm mit einem Geflecht aus Schmiedeeisen als Kuppel auf dem 28 m hohen Hügel restaurieren.

Technischer Leiter des Botanischen Gartens war von 1929–1963 der am 26. Januar 1898 in Hamburg geborene Hermann Jacobsen, der als 15-Jähriger eine Gärtnerlehre in der v. Donner'schen Schlossgärtnerei in Bredeneek bei Preetz begann. Er arbeitete später in den Botanischen Gärten Köln und Bonn, leitete ab 1929 bis zu seiner Pensionierung den Botanischen Garten in Kiel, dem er mit zahlreichen Anpflanzungen ausländischer Bäume und Sträucher weitgehend das heutige Gepräge gab.

Besonders bekannt wurde Jacobsen durch seine Sukkulenten(Mittagsblumengewächse)-Forschungen sowie durch die Herausgabe des dreibändigen Werkes „Handbuch der Sukkulenten Pflanzen" (1954) und des 1970 erschienenen „Sukkulentenlexikon". Jacobsen war korrespondierendes Mitglied der Linné-Gesellschaft in London; die Christian-Albrechts-Universität Kiel verlieh ihm 1963 die Ehrendoktorwürde. Jacobsen starb am 19. August 1978 in Kiel und wurde auf dem Parkfriedhof Eichhof bestattet.

Literatur:

Rudolf Bülck, Zur Geschichte des Kieler Botanischen Gartens. In: Mitteilungen der Gesellschaft für Kieler Stadtgeschichte, H. 4, Oktober 1950, S. 25–29

Verein zur Erhaltung und Förderung des Alten Botanischen Gartens (Herausg.), Begleiter durch den Alten Botanischen Garten Kiel, Kiel o. J.

16 Klaus-Groth-Platz 1

Granitfindling (ca. 2 m hoch) im Vorgarten
am 8. Oktober 1909 aufgestellt

Inschrift: Hier lebte
Klaus Groth
1866–1899

Am 24. August 1859 heirateten Klaus Groth und Doris Finke, die Tochter des wohlhabenden Bremer Weinhändlers Albert Diedrich Finke (1803–1879), der Groth zum ersten Mal im Sommer 1858 auf dem (ersten) Kieler Bahnhof begegnet war. Groth kam damit seinem Lebensziel ein Stück näher, denn in einem Brief von ihm aus dem Jahre 1855 heißt es: „... allerdings möchte ich Weib und Kind und Haus und Hof haben.“ Doch „Zunächst wohnten wir ein paar Jahre zur Miete, dann entwarf meine Frau, dreist und geschickt, den Riß zu meinem jetzigen Hause, das wir 1866 bezogen“, schrieb Groth später in seinen Lebenserinnerungen. Bereits im Mai 1865 hatte er voller Erwartung gedichtet:

Nun bauen wir ein Häuschen klein,
Und schreiben dran: Hier haus’t die Ruh.
Wir lassen gute Freunde ein
Und schließen dann die Türe zu.

Doch vor die Fenster überall
Wird hübsch gepflanzt ein grüner Baum.
Darinnen baut die Nachtigall
Und weckt uns nachts aus süßem Traum.

Von ferne hören wir das Meer
Und schauen auf des Schlosses Turm,
Gewitter ziehn darüber her,
Wir hören nichts von Wind und Sturm.

Wir sehen Baum und Kinder blühn,
Und wenn Geburtstag wieder kommt,
So merken wir: die Jahre fliehn,
Doch daß den Guten alles frommt.

Durch Vermittlung von Professor Wilhelm Seelig (1821–1906) gelang es Groth, im Frühjahr 1865 von dem Brunswiker Bauervogt Volbehr ein Grundstück vor den Toren Kiels im Außenbereich des Fleckens Brunswik am Schwanenweg zu kaufen – unmittelbar neben dem Grundstück, auf dem die Seeligs ein Jahr zuvor eine großzügige Villa hatten bauen lassen. Das Haus, das Groth mit seiner Familie im Juni 1866 bezog, musste allerdings bescheidener ausfallen, es war ein schlichter Bau aus gelben Ziegeln, den Geert Seelig (1864–1934) in seinen Erinnerungen „Eine deutsche Jugend“ beschreibt: „Sein Haus ... wies mit drei Fenstern Front über dem Keller nur ein Stockwerk und darüber ein Dachgeschoß auf. Nach vorn lagen Groths Arbeitszimmer, in dem das bekannte Hebbelbild von Rahl über dem Sofa hing, das Mittelzimmer mit dem Flügel und ein Wohnzimmer. Das ganze tägliche Leben spielte sich aber, namentlich nach dem Tode der Frau im Januar 1878, in der ‚Kajüte‘ ab, einem Esszimmer im Keller, zu dem man von außen über zwei Stufen durch eine Glastür hinabstieg. Um den ovalen Esstisch stand ein höchst einfaches Mobiliar ... Wegen der niedrigen, ganz flach gewölbten Decke und des

Das Haus Groth am Schwanenweg im Jahre 1869, v. l. n. r.: Hausmädchen Grete Staby, August Groth, Hermann Grimm, Carl Groth, Doris Groth, Klaus Groth, Albert Groth. Foto: Schleswig-Holsteinische Landesbibliothek, Kiel

einzigen kleinen Guckfensters hatten wir Jungens den gemütlichen Raum die Kajüte genannt und der Name blieb. Hier stand auch ‚Lore', der Papagei, den 1889 Albert aus Argentinien mitgebracht hatte. In diesem Raum war Groth mit Ausnahme einer kurzen Mittagsrast auf dem Sofa in seiner Arbeitsstube den ganzen Tag zu finden, hier hielt er seine Mahlzeiten, hier schrieb er am Esstisch seine zahlreichen Briefe bis in das späteste Alter mit einer wunderbar klaren und fließenden Handschrift, hier arbeitete er noch zuweilen an einem kleinen Aufsatz, hier vor allem war er immer für seine zahlreichen Freunde und Freundinnen zu finden."

In das Haus Schwanenweg 26 fanden im Laufe der Jahre viele Freunde und Bekannte, zahlreiche Persönlichkeiten den Weg, so u. a. Theodor Storm (1817–1888), Friedrich von Esmarch (1823–1908), Max Müller (1823–1900), Ferdinand Tönnies (1855–1936), C. W. Allers (1857–1915), Heinrich Adolph Meyer (s. Nr. 25) oder Pius Warburg (1816–1900).

An dem von Seelig erwähnten Flügel im Groth'schen Hause haben einst einige der berühmtesten Musiker gespielt: Groths Freund Johannes Brahms (1822–1897), Clara Schumann (1819–1896) und Hans von Bülow (1830–1894). Auf der hinter dem Haus ansteigenden Koppel ließ Brahms mit den drei Groth'schen Jungen Drachen steigen.

Zu Groths 70. Geburtstag wurde der Platz am Ende des Schwanenweges, wo sein Haus stand, ihm zu Ehren „Klaus-Groth-Platz" benannt.

Haus „Quickborn", die heutige DRK-Landesgeschäftsstelle am Klaus-Groth-Platz; vor dem Gebäude der Findling mit der Gedenkinschrift. Foto: Gerd Stolz, Kiel

Schon bald nach Groths Tod am 1. Juni 1899 wurde das Haus im Jahre 1900 von seinen Söhnen verkauft; in der Folgezeit wechselte es mehrfach den Besitzer, bis es am 1. April 1908 das DRK-Anschar-Schwestern- und Krankenhaus erwarb. Noch in demselben Jahre wurde das Groth'sche Haus abgerissen und an dessen Stelle eine Heilanstalt für Privatpatienten errichtet. Zur Erinnerung an Klaus Groth erhielt das neue Haus den Namen „Quickborn". Der große Findling, den man bei den Arbeiten unter den Fundamenten des alten Hauses fand und nun im Vorgarten aufstellte, wurde zur Einweihung des Hauses „Quickborn" am 8. Oktober 1909 mit einer knappen Inschrift, die an Klaus Groth erinnert, enthüllt.

Das Haus „Quickborn" wurde zum 31. Dezember 1988 als Krankenhaus aufgelöst und dort nach Renovierung am 1. Oktober 1990 die neue Geschäftsstelle des DRK-Landesverbandes Schleswig-Holstein eröffnet.

Literatur (s. auch Nr. 11):

SHBL 2, 154–156
Inge Bichel / Ulf Bichel / Joachim Hartig, Klaus Groth – Eine Bildbiographie, Heide 1994 (mit weiteren Literaturangaben)
Geert Seelig, Eine deutsche Jugend – Erinnerungen an Kiel und den Schwanenweg, Reprint Kiel 1977 = Sonderveröffentlichung 6 der Gesellschaft für Kieler Stadtgeschichte
Rudolf Bülck, Klaus Groths Kieler Wohnungen. In: Mitteilungen der Gesellschaft für Kieler Stadtgeschichte, H. 4, Oktober 1949, S. 25–30

17 Rudolf-Höber-Straße 1

Christian-Albrechts-Universität,
Eingang Biochemisches Institut (Otto-Meyerhof-Haus)

Bronzetafel (72 cm x 120 cm)
1956 angebracht

Inschrift:

Otto Meyerhof 1884–1951
Kiel 1913–1924
Nobelpreis 1922
Investigatori praestantissimo
biochimiae qui fundamenta
iecit disciplinae

(Dem hervorragenden Forscher der
Biochemie, der die Grundlagen
dieser Wissenschaft gelegt hat.)

Gedenktafel für Otto Meyerhof. Foto: Gerd Stolz, Kiel

Der am 12. April 1884 in Hannover geborene Otto Meyerhof „erfand" die Biochemie. Er entstammte einer alten jüdischen Kaufmannsfamilie, wuchs in Berlin auf und studierte in Berlin, Freiburg/Br., Straßburg und Heidelberg Medizin. 1910 trat er als Assistent in die Heidelberger Medizinische Klinik ein, wo er sich unter dem Einfluss von Otto Warburg der Zellphysiologie und Biochemie zuwandte.

1912 ging Meyerhof an das Physiologische Institut der Universität in Kiel, wo er sich 1913 habilitierte. „Dort setzte er in den ersten Jahren die Arbeiten über den Mechanismus der Zellatmung fort und fand weitere Beziehungen zwischen Atmung und Gärung. Diese führten ihn seit 1918 zu den wegweisenden Untersuchungen über die chemische und energetische Kopplung der einzelnen Reaktionen innerhalb einer biologischen Reaktionskette" (NDB 7, 394).

Während Meyerhofs Arbeiten in Deutschland nahezu unbeachtet blieben, fanden sie in Großbritannien große Aufmerksamkeit. Zusammen mit Archibald Vivian Hill erhielt Meyerhof 1922 den Nobelpreis für Medizin, er war damit der erste deutsche Medizin-Nobelpreisträger nach dem Ersten Weltkrieg.

„Vier Jahre intensiver Tätigkeit als Privatdozent in der Position eines Assistenten, ohne Mitarbeiter und unter beengten Verhältnissen, reichten zwar aus, um Weltgeltung zu erlangen, genügten aber nicht für die Berufung auf den 1922 neugegründeten Lehrstuhl für Physiologische Chemie in Kiel, wo ihn die Fakultät aus Antisemitismus ablehnte" (NDB 7, 394).

Meyerhof wurde 1924 Abteilungsleiter am Kaiser-Wilhelm-Institut für Biologie in Berlin-Dahlem, 1929 Direktor des neuen Kaiser-Wilhelm-Instituts für medizinische Forschung in Heidelberg.

1938 emigrierte Meyerhof zunächst mit Hilfe seines Schülers A. v. Muralt in die Schweiz, dann nach Paris und 1940, unterstützt von A. v. Hill, über Spanien und Portugal in die USA. Er erhielt dort durch die Rockefeller Foundation eine Forschungsprofessur an der University of Pennsylvania in Philadelphia, wo er seine grundlegenden Arbeiten bis zu seinem Tode am 6. Oktober 1951 fortsetzte.

Literatur:

Michael Engel, Otto Meyerhof. In: Neue Deutsche Biographie, 7. Bd., Berlin 1994, S. 393–96 (mit weiteren Literaturangaben)

O. M. In: Fachlexikon abc – Forscher und Erfinder, Frankfurt/M. 1992, S. 406

18 Holtenauer Straße 61

Bronzetafel (35 cm x 75 cm)
am 21. 12. 1968 übergeben

Inschrift:

In diesem Hause wohnte der bedeutende Forscher
und Leiter der jetzigen Bundesanstalt für
Milchforschung in Kiel.

Prof. Dr. phil. Dr. agr. h.c.
Hermann Weigmann
geb. am 17. 1. 1856 in Fürth
gest. am 19. 2. 1950 in Kappeln

Sein Schaffen auf dem Gebiet der Bakteriologie und
Physik der Milch hat wesentlich zur Verbreitung und
Hygiene dieses Volksnahrungsmittels beigetragen.

Gedenktafel für Hermann Weigmann am Wohnhaus in der Holtenauer Straße 61.
Foto: Gerd Stolz, Kiel

Weigmann studierte physiologische Chemie und Naturwissenschaften in Erlangen und München, war danach als Assistent in Rostock, Münster und Memmingen tätig. 1889 wurde er Leiter der neu geschaffenen bakteriologischen Abteilung der Landwirtschaftlichen Versuchsstation der Landwirtschaftskammer für Schleswig-Holstein in Kiel, später der Versuchs- und Lehranstalt für Molkereiwesen, und 1922 erster Leiter der von ihm initiierten und in jenem Jahr gegründeten Preußischen Versuchs- und Forschungsanstalt (heute: Bundesforschungsanstalt) für Milchwirtschaft.

Bronzebüste Hermann Weigmann von Jepp Debrich aus dem Jahre 1977 in der Bundesanstalt für Milchforschung. Foto: Gerd Stolz, Kiel

Weigmann gilt als Begründer der Bakteriologie und Mikrobiologie der Milch, der sein besonderes Augenmerk auch auf die Produktqualität unter Beachtung technologischer und technischer Zusammenhänge richtete. Er gab zahlreiche Standardwerke zur Milchwirtschaft heraus.

Weigmann wohnte 1890–91 in der Möllingstraße, 1892–93 in der Fährstraße und von September 1893 bis Juni 1907 in der Holtenauer Straße 61.

Literatur:

Deutsche Biographische Enzyklopädie, Bd. 10, München 1999, S. 389–390

19 Moltkestraße 16

Bronzetafel (65 cm x 34 cm)
Übergabe am 5. Dezember 1969

Inschrift:

Hier stand das Wohnhaus des ersten Großadmirals
der Kaiserlich-Deutschen Marine
Hans von Koester
geb. 29. 4. 1844 in Schwerin/Mecklenburg
gest. 21. 2. 1928 in Kiel

Er diente von 1859 an zunächst in der Preußischen Marine, dann in der Marine des Norddeutschen Bundes und von 1871 bis Dezember 1906 in der Kaiserlich-Deutschen Marine, in deren Geschichte er als der „Exerziermeister der deutschen Flotte“ einging. Die Stadt Kiel ernannte ihn im Jahre 1914 zu ihrem Ehrenbürger.

Grab des Ehepaares Hans und Elisabeth von Koester in Kiel, Nordfriedhof.
Foto: Gerd Stolz, Kiel

Koester trat mit 15 Jahren als Kadettaspirant in die damals noch im Aufbau befindliche preußische Marine ein, in der er schnell aufstieg. 1861 war er Seekadett, 1864 Unterleutnant z. S., 1865/66 Platzmajor in Kiel und 1874/75 als Kapitänleutnant Kommandant der Schulbrigg „Undine“, mit der er als erstes längeres selbständiges Kommando eine 15-monatige Reise nach Nord-, Mittel- und Südamerika unternahm. 1887 erhielt

Koester – nunmehr bereits seit 1881 Kapitän z. S. – das Kommando der Panzerfregatte „König Wilhelm“, des damals größten Schiffes der Kaiserlichen Marine. Von 1887 bis 1889 war er Oberwerftdirektor der Kaiserlichen Werft in Kiel, anschließend Direktor des Marinedepartements im Reichsmarineamt in Berlin.

Großadmiral Hans v. Koester, 1918. Foto: Schleswig-Holsteinische Landesbibliothek, Kiel

Mit der Beförderung zum Konteradmiral im April 1889 begann Koesters Tätigkeit als Lehrmeister der deutschen Flotte – aufgrund seiner großen, umfassenden Erfahrungen exerzierte er mit den Geschwadern nur das, was er selbst in praktischer Erprobung für gut befunden hatte. Er schulte die Verbände unermüdlich und mit eiserner Konsequenz, zugleich führte er die umfassenden Übungs- und Manöverkritiken ein, die sachlich ausgerichtet waren. Koester nahm mit seinen taktischen Anschauungen einen führenden Einfluss auf die Schulung der deutschen Flotte.

1896 war Koester Chef der Marinestation der Ostsee in Kiel geworden und förderte aus dieser Stellung heraus stark die Entwicklung der Garnisonstadt. 1897 erfolgte seine Ernennung zum Admiral, 1899 zum Generalinspekteur der Marine, und 1905 erhielt er als erster deutscher Marineoffizier den Rang eines Großadmirals. Zum Jahresende wurde er auf eigenen Antrag verabschiedet, zugleich à la suite der Marine gestellt.

Koester wurde zu Jahresbeginn 1900 der erbliche Adel verliehen, die Stadt Kiel ehrte ihn anlässlich seines 70. Geburtstages mit dem Ehrenbürgerrecht. Nachdem er bis zum Eintritt in den Ruhestand in Kiel in verschiedenen Mietwohnungen gewohnt hatte, zog er 1906 in das Haus Moltkestraße 16, wo er bis zu seinem Tode lebte. Seine letzte Ruhestätte fand er auf dem damaligen Garnisonsfriedhof, dem heutigen Nordfriedhof.

Literatur:

SHBL 7, 115–117
Hans Jürgen Witthöft, Lexikon zur deutschen Marinegeschichte, Bd. 1, Herford 1977, S. 159

20 Feldstraße 68

im Hauseingang

Bronzetafel (45 cm x 60 cm)
am 10. September 1999 übergeben

Inschrift:

Zum Gedenken an
Harro Schulze-Boysen

Er wurde in diesem Hause
am 2. September 1909 geboren.
Während des „Dritten Reiches"
leistete er aktiven Widerstand
gegen den Nationalsozialismus.
Nach seiner Verhaftung durch die Gestapo
wurde er am 22. Dezember 1942
in Berlin-Plötzensee hingerichtet.
Die Harnack/Schulze-Boysen-
Organisation (Rote Kapelle)
zählte zu den bedeutendsten
Widerstandsgruppen gegen den
Nationalsozialismus.

Mit Dr. Arvid Harnack (1901 – 22. 12. 1942), Oberregierungsrat im Reichswirtschaftsministerium in Berlin, begann Harro Schulze-Boysen ab Mitte der 1930er Jahre seine Widerstandsarbeit gegen den Nationalsozialismus. Er war ein scharfer, unerbittlicher Gegner der Hitlerdiktatur, als deren „Alternativlösung" ihm allein der Kommunismus möglich und sinnvoll erschien. Am 22. Dezember 1942 wurde Schulze-Boysen im Gefängnis Berlin-Plötzensee am Galgen erhängt.

Schulze-Boysen wurde 1909 in Kiel geboren, wo sein Vater, der spätere Fregattenkapitän Erich Schulze, seinerzeit stationiert war. Hier lebte auch sein Onkel, der Soziologe Prof. Ferdinand Tönnies.

Schulze-Boysen, Oberleutnant der Luftwaffe und Oberregierungsrat im Reichsluftfahrtministerium, war als Mitglied des ‚Jungdeutschen Ordens' und Herausgeber der von den Nationalsozialisten gleich nach der Machtergreifung verbotenen Zeitschrift seines Jugendverbandes bereits 1933 verhaftet und für einige Monate inhaftiert worden. Nach seiner

Entlassung besuchte er eine Luftfahrtschule und befasste sich mit Sprachstudien am Auslandswissenschaftlichen Institut der Humboldt-Universität in Berlin; er beherrschte außer Englisch und Französisch auch Russisch und Schwedisch.

Gedenktafel für Harro Schulze-Boysen.
Foto: Gerd Stolz, Kiel

Mit Beginn des Zweiten Weltkrieges begann Schulze-Boysen Menschen ähnlichen Denkens um sich zu sammeln, und er bekam bald engeren Kontakt zu Arvid Harnack. Die Gruppe um diese beiden Männer umfasste bald mehr als 100 Personen, die unterschiedlichen weltanschaulichen Zielen und verschiedenen Berufen angehörten. Der Kreis, von der Gestapo als „Rote Kapelle" bezeichnet, hatte Verbindungen zu Vertretern der ehemaligen sowjetischen Botschaft und zahlreiche Kontakte nach Russland.

Nachdem in Brüssel Mitglieder einer Agentengruppe enttarnt worden waren, flog die Gruppe um Schulze-Boysen und Harnack im August 1942 auf, über 130 Mitglieder der „Roten Kapelle" wurden verhaftet und meist schwer misshandelt, 75 – darunter 19 Frauen – zum Tode verurteilt und hingerichtet.

Literatur:

Karl Dietrich Bracher, Das Gewissen steht auf – Lebensbilder aus dem deutschen Widerstand 1933–1945, Mainz 1984 (mit weiteren Literaturangaben)
Klaus Lehmann, Widerstandsgruppe Schulze-Boysen – Harnack, Berlin 1948
Militärgeschichtliches Forschungsamt, Aufstand des Gewissens (Begleitband zur gleichnamigen Wanderausstellung), 2. Aufl., Herford / Bonn 1985

21 Hardenbergstraße 31

Bronzetafel (90 cm x 60 cm)
am 19. Juni 1963 enthüllt

Inschrift:

In diesem Hause lebte von
1912 bis 1945
Alexander Behm
geb. 11. X. 1880 in Sternberg/Mecklenburg,
gest. 22. I. 1952 in Kiel.

Das Entsetzen über den Untergang
der „Titanic", die im Jahre 1912 auf
ihrer Jungfernreise mit 2207
Menschen an Bord einem Eisberg
zum Opfer fiel, ließ Alexander
Behm nach einem Lotungsverfahren
suchen, das solche Gefahren bannen
sollte. 1913 konnte er sein in Kiel
entwickeltes, später weltbekanntes
Behm-Echolot patentieren
lassen. Es warnt die Schiffahrt
– wenn auch nicht vor Eisbergen –
vor Untiefen, Wracks und ähnlichen
Gefahren, und es dient der Forschung
als ein neuartiges Meßgerät.
Die Medizinische Fakultät der
Kieler Universität verlieh dem
verdienten Erfinder 1928 die
Ehrendoktorwürde.

Die Katastrophe der „Titanic" am 14. April 1912 hatte nicht nur die seefahrenden Nationen zur Eispatrouille, der ständigen Beobachtung der Eisberge, veranlasst, sondern führte auch zur Erfindung eines Gerätes, das ursprünglich nur zur Messung von Wassertiefen dienen sollte.

Der deutsche Physiker Alexander Behm, der in Kiel in dem Haus Hardenbergstraße 31, vom 24. Januar 1913 bis zum 17. März 1945, lebte, entwickelte 1912 das Echolot für Wasserfahrzeuge zur Messung von

Meerestiefen und zum Aufspüren von Hindernissen durch Schallmessung. Für die Schifffahrt waren damit die Jahrhunderte des Senkbleis vorbei, das Echolot war der Baustein einer zukunftsweisenden Technik.

1920 gründete Behm in Kiel die Behm-Echolot-Gesellschaft, die das Verfahren immer weiter vervollkommnete. Schall- und Ultraschall-Messgeräte werden heute in vielen Bereichen der Wissenschaft, Wirtschaft, Technik und Medizin verwendet.

Aufgrund der Gefährdung durch die an Häufigkeit verstärkten Luftangriffe auf Kiel gegen Ende des Zweiten Weltkrieges verließ Behm die Stadt und lebte seitdem in der „Fischerhütte“ bei Tarp, wo er 1952 starb. Seine letzte Ruhestätte liegt auf dem Friedhof in Oeversee.

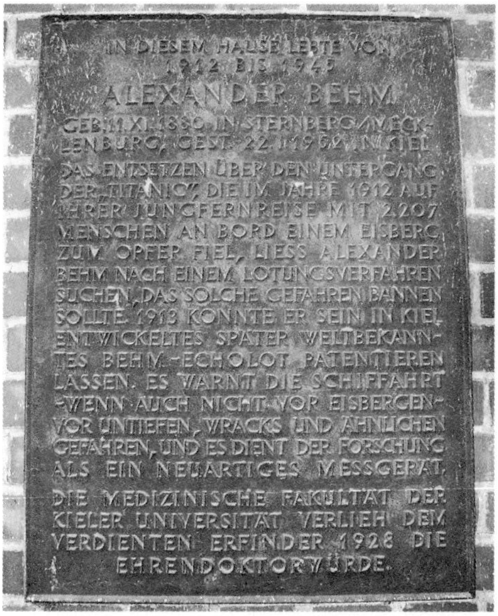

Gedenktafel für Alexander Behm.
Foto: Gerd Stolz, Kiel

Literatur:

Friedrich Klemm, A. B. In: Neue Deutsche Biographie, 2. Band, Berlin 1955, S. 7–8 (mit weiteren Literaturhinweisen)

Grab von Alexander und Johanna Behm auf dem Kirchhof in Oeversee.
Foto: Gerd Stolz, Kiel

22 Düsternbrooker Gehölz

In der Nähe der Häuser Niemannsweg 110–112

Granitfindling
3. Juli 1927 enthüllt

Inschrift:

Theodor Storm
Auf der Universität

Der Gedenkstein erinnert an einen literarischen Schauplatz Theodor Storms in der Nachwirkung seines Kieler Studentenlebens, das er 1837 begann und ihn in seiner Wirklichkeit enttäuschte.

In jenen Jahren hatte Storm die Geschichte eines Nähmädchens erfahren, das sich aus Trotz – weil sie sich von ihrem Liebsten, einem auf Wanderschaft befindlichen Handwerksburschen, verlassen glaubte – kurzerhand mit einem Studenten einließ. Diese Geschichte ergab den Stoff für seine Novelle „Auf der Universität", die er 1862 in Heiligenstadt schrieb und die 1863 in Münster erschien.

Die Erzählung vom Schicksal der Lenore Beauregard ist keine Liebesgeschichte; sie endet mit dem Freitod der Hauptfigur, einer Schneiderstochter, deren „eingeborner Drang nach schöner Gestaltung des Lebens" unerfüllt bleibt, im Wasser der Förde. Sie hatte sich in der Enttäuschung über die Einheirat ihres Liebsten, eines Tischlers, in die Meisterwerkstatt in einer anderen Stadt dem „Raugrafen", einem ausschweifenden Studenten, bei einem Tanzvergnügen in die Arme geworfen.

Gedenkstein „Auf der Universität" im Düsternbrooker Gehölz. Foto: Gerd Stolz, Kiel

Einer der Hauptschauplätze der Novelle ist eine vor der Stadt im Wald gelegene Wirtschaft, zugleich ein Paukort der Studenten – Storm schildert darin

Die Waldwirtschaft „Sanssouci“ nach einem Aquarell von Wagner.
Aus: H. Eckardt, Alt-Kiel in Wort und Bild, Kiel 1899

die im Düsternbrooker Gehölz gelegene Waldwirtschaft „Sanssouci“, wie er sie in seiner Studentenzeit erlebte. Im Januar 1865 brannte das „vom poetischen Zauber umsponnene Wirtshaus“ ab. Die Reste der steinernen Freitreppe, die vom Wege zum Wirtshaus hinaufführte und die im Juli 1865 bei der Versteigerung der Brandruine ausgenommen war, waren bis Anfang der 1990er Jahre noch vorhanden.

In einer Vorfeier zum 100. Geburtstag Theodor Storms im September 1917 wurde am Standort des einstigen Wirtshauses eine Doppeleiche gepflanzt. Zehn Jahre später wurde der von der Stadt Kiel gestiftete Stein vor den Baum, der heute nicht mehr steht, gesetzt.

Literatur:

SHBL 1, 265–269
Karl Ernst Laage, Theodor Storm – Leben und Werk, Husum 1979
Peter Goldammer, Theodor Storm – Eine Einführung in Leben und Werk, 4. Aufl., Leipzig 1990 = Reclam-Bibliothek Bd. 400
Hedwig Sievert, Sanssouci, die Düsternbrooker Waldwirtschaft in Theodor Storms Novelle „Auf der Universität“. In: Mitteilungen der Gesellschaft für Kieler Stadtgeschichte H. 3, Juli 1953, S. 21–32

23 Hindenburgufer 78

Haus Weltclub

Bronzetafel (50 cm x 70 cm)
Enthüllung 7. April 1967

Inschrift:

In den Jahren 1925–1929 wohnte hier
und wirkte an der Universität Kiel
Professor Dr. Hans Geiger
geb. 30. 9. 1882 in Neustadt (Rheinpfalz)
gest. 24. 9. 1945 in Berlin

Er erfand Methoden zur elektri-
schen Zählung einzelner atomarer
Teilchen. Das Geiger-Zählrohr eröff-
nete der Atomforschung neue Wege.

Gedenktafel für Hans Geiger. Foto: Gerd Stolz, Kiel

Die Tafel steht am Platz von Geigers Wohnhaus in den Jahren 1925–1929. Hans (Johannes) Geiger gehört zu den Wegbereitern der modernen Atom- und Kernphysik.

Hans Geiger, um 1940.
Foto: Schleswig-Holsteinische Landesbibliothek, Kiel

Nach dem Studium in München und Erlangen war Geiger von 1907 bis 1912 Mitarbeiter des 1909 mit dem Nobelpreis ausgezeichneten E. Rutherford am Cavendish Laboratory der Universität in Manchester (GB) auf dem Gebiet der Radioaktivität. Diese Zusammenarbeit bestimmte im Wesentlichen Geigers weiteren beruflichen Lebensweg.

1912 kehrte Geiger nach Deutschland zurück und war bis 1925 – mit Unterbrechung im Ersten Weltkrieg – Leiter des neu gegründeten Radiumlabors der Physikalisch-Technischen Reichsanstalt in Berlin. Dort erfand Geiger 1913 den Spitzenzähler, „der seiner hohen Empfindlichkeit und Zuverlässigkeit wegen in der Folgezeit die kernphysikalische Nachweistechnik bestimmte" (Fachlexikon S. 221).

1929 erhielt Geiger den Ruf als Professor für Experimentalphysik an das Physikalische Institut der Christian-Albrechts-Universität in Kiel. Hier „veröffentlichte er zusammen mit seinem Schüler Walther Müller (1905–1979) die erste Arbeit über das heute in der ganzen Welt bekannte Geiger-Müller-Zählrohr. Heute hat das Zählrohr überall in der Technik Anwendung gefunden" (NDB 6, 142). Den Prototyp des Geiger-Müller-Zählrohrs stellten die beiden Physiker am 7. Juli 1928 auf einer Tagung der Deutschen Physikalischen Gesellschaft in Kiel vor.

1929 ging Geiger nach Tübingen und übernahm 1936 die Leitung des Physikalischen Instituts der TH Berlin-Charlottenburg. Seine letzten Lebensjahre waren überschattet von einer schweren rheumatischen Krankheit. Am 24. September 1945 starb Geiger in einem Notquartier in Berlin.

Literatur:

Ewald Fünfer, H. G. In: Neue Deutsche Biographie, 6. Bd., Berlin 1964, S. 141–142
Fachlexikon abc – Forscher und Erfinder, Frankfurt/M. 1992, S. 220–221

24 Bismarckallee

am Beginn des zum Hindenburgufer hinabführenden Hirschfeldblicks

Granitplatte im Boden (92 cm/142cm x 144 cm)
am 1. 12. 1997 übergeben

Inschrift:

Zur Erinnerung an
Christian Cay Lorenz Hirschfeld
1742–1792
Professor der schönen Wissenschaften
und der Philosophie an der
Christian-Albrechts-Universität zu Kiel.

Seiner „Theorie der Gartenkunst“ verdanken wir
das Ideal naturnaher Landschaftsgestaltung.
Er entdeckte die Reize der Kieler Fördelandschaft
und gründete auf dem Gelände bei Bellevue
die Düsternbrooker Fruchtbaumschule.
Im Geiste der Aufklärung lehrte er, das Schöne
mit dem Nützlichen zu versöhnen.

Kiel 1997

An einem der schönsten Aussichtsplätze mit weitem Blick auf die Kieler Förde bis nach Laboe erinnert die polierte Granitplatte in einer kleinen Anlage an C. C. L. Hirschfeld, den Wegbereiter des Englischen Gartens in Deutschland. Der am 16. Februar 1742 in Kirchnüchel geborene Pastorensohn Hirschfeld löste im 18. Jahrhundert mit den von ihm beschriebenen und vertretenen Idealen eine „Garten-Revolution“ aus, zu seinen Lebzeiten war er in der Gartenkunst eine unbestrittene Autorität in Deutschland.

Hirschfeld wurde 1770 Professor der Philosophie und der schönen Wissenschaften an der Universität in Kiel, wobei sich seine Lehrtätigkeit u. a. auch auf Staatswissenschaften, Geschichte und Gartenkunst erstreckte. Von 1779 bis 1785 veröffentlichte er sein Hauptwerk, die „Theorie der Gartenkunst“ in fünf Bänden. Er wurde damit zum führenden Theoretiker der englischen Gartenkunst in Deutschland und verstand die Zerstörung französischer Parkanlagen zugunsten des neuen Stils als eine Art Kreuzzug zur Befreiung der Natur aus der Starrheit geometrisch-mathematischer Regelung. Botanische Erkenntnis und das

Gedenktafel für Christian Cay Lorenz Hirschfeld in der Bismarckallee.
Foto: Gerd Stolz, Kiel

„Am Reihersbrunn, im Düsternbroock, bei Kiel", Radierung von Joh. Ludw. Chr. Hansen um 1830.
Aus: Olaf Klose / Richard Sedlmaier, Alt Kiel und die Kieler Landschaft, Heide 1956

Blick vom Hirschfeldblick auf die Kieler Förde mit Gedenktafel für C. C. L. Hirschfeld im Boden. Foto: Gerd Stolz, Kiel

Erlebnis landschaftlicher Schönheit sollten sich nach Hirschfeld für alle Menschen gleichsam in sozialer Gemeinschaft ungezwungen ergänzen.

In jenen Jahren entstand parallel zur Forstbaumschule eine zweite Baumschule in Kiel, die Fruchtbaumschule, zwecks Verbesserung der Obstbaumkultur im Lande. Auf Hirschfelds Betreiben wurde mit Unterstützung von Heinrich Carl Graf von Schimmelmann 1784 in Düsternbrook die neue Baum-, Pflanzen- und Samenschule angelegt, die 1789 bereits über 80 000 junge Obstbäume aller Sorten zur Auspflanzung im Bestand hatte. Die Bäume wurden kostenlos an königliche Bauern, Beamte, Prediger und Lehrer abgegeben, an Privatleute verkauft.

Das Wohnhaus von C. C. L. Hirschfeld in der Fruchtbaumschule Düsternbrook, Kupferstich von Heinr. Aug. Grosch, um 1790.
Aus: Wolfgang Kelm, Christian Cay Lorenz Hirschfeld 1742–1792, Worms 1992

Nach Hirschfelds Tod leitete Professor Johann Jacob Moldenhawer (1766 bis 1828) die Fruchtbaumschule, die später verkauft wurde. Auf dem Gelände wurde 1869 das Logierhaus „Bellevue" errichtet, und auf dem 1865 von ihm erworbenen Teilstück ließ der Hamburger Kaufmann Heinrich A. Meyer die Villa „Forsteck" errichten (s. Nr. 25).

Hirschfeld, der ein großes Haus mit umfangreicher Spezialbibliothek in Düsternbrook bewohnte, starb am 20. Februar 1792.

Literatur:

SHBL 5, 126–131 (mit umfassenden weiteren Literaturangaben)

Landeshauptstadt Kiel, Grünflächenamt, Forstbaumschule und Diederichsen-Park, Kiel 1998

Wolfgang Kehn, Christian Cay Lorenz Hirschfeld 1742–1792 – Eine Biographie, Worms 1992

25 Diederichsen-Park

(zwischen Niemannsweg, Parkstraße und Hindenburgufer)

Erinnerungsstein Diederichsen-Park am Hauptzugang vom Niemannsweg.
Foto: Gerd Stolz, Kiel

a) Niemannsweg, Ecke Bismarckallee am Hauptzugang

Granitfindling (150 cm x 120 cm) übergeben am 3. Juni 1958

Inschrift:

Diederichsen –
Park
1958
angelegt aus Mitteln einer
Spende der Howaldts-Werke

Gedenkplatte für Thea Diederichsen am Hauptzugang zum Diederichsen-Park vom Niemannsweg. Foto: Gerd Stolz, Kiel

b) Niemannsweg, Ecke Bismarckallee
am Hauptzugangsweg

Steinplatte
(liegend, 138 cm x 100 cm)
neu aufgestellt 3. Juni 1958

ursprünglich (vor 1958) am Schwanenweg vor dem „Thea-Heim" der „Thea-Diederichsen-Stiftung", hierher 1958 mit der Urne der Verstorbenen vom „Thea-Heim" überführt

Inschrift:

Thea
Diederichsen
7. 2. 1869 – 7. 12. 1941

c) Aufgang vom Hindenburgufer zum Park

Sandsteintafel (141 cm x 75 cm)
übergeben am 23. Juni 1958

Inschrift:

Heinrich Diederichsen
1865–1942
Dem Erhalter der Howaldtswerke in
schwerer Notzeit. Dem Förderer der
Kieler Wirtschaft und Wissenschaft.
Dem Ehrendoktor der Universität Kiel
von seiner Vaterstadt Kiel
zum ehrenden Gedächtnis
Anno 1958

d) in der Mitte des Parkgeländes, links (Ri Kieler Bucht) an der Ruinenmauer

Granitfindling (ca. 200 cm lang / ca. 80 cm hoch)
am 23. Juni 1959 übergeben

Gedenktafel für Heinrich Diederichsen am Aufgang zum Diederichsen-Park vom Hindenburgufer. Foto: Gerd Stolz, Kiel

Erinnerungsstein an Haus Forsteck im Diederichsen-Park. Foto: Gerd Stolz, Kiel

Inschrift:

Hier stand
Haus Forsteck
zerstört 1944.

Als 1865 Teilflächen der früheren Fruchtbaumschule (s. Nr. 24) parzelliert und veräußert wurden, kaufte der Hamburger Kaufmann und Naturforscher Heinrich Adolph Meyer (geb. 11. Sept. 1822 in Hamburg, gest. 1. Mai 1889 Forsteck b. Kiel) eine größere Teilfläche des Geländes und ließ dort die Villa „Forsteck" bauen. In den 1870er und 1880er Jahren war das idyllisch gelegene Haus mit weitem Blick auf die Kieler Förde ein gesellschaftlicher Mittelpunkt der rasch wachsenden Stadt, zugleich Treffpunkt für geistige und künstlerische Persönlichkeiten wie z. B. Klaus Groth (s. Nr. 3, 11 und 16), Theodor Fontane (1819–1898), der Sänger Julius Stockhausen (1826–1906), der Schwager Adolph Meyers, der Physiker Hermann von Helmholtz (1821–1906), US-Senator Schurz (1829–1906), der spätere Innenminister der USA und seiner Frau Margarethe (1833–1876).

Theodor Fontane hat die Atmosphäre von „Forsteck" in einem im Oktober 1878 entstandenen Gedicht in der Rückschau eines Besuches eingefangen:

Haus Forsteck

Gelb wird das Laub, es rötet sich die Frucht,
In blauer Stille liegt die Kieler Bucht,
Es schweigt der Wind, die Fläche zittert kaum,
Und nur die Möwen sind wie Wellenschaum.

Und hier am Ufer, aus der Waldesnacht
Uralter Eichen, hell ein Giebel lacht;
Ein heller Giebel und ein helles Haus,
Und wie von Tauben fliegt es ein und aus.
In Blumen steht es Lenz- und Herbsteszeit,
Ein sichtbar Zeichen seiner Gastlichkeit.

Das Gittertor am Parke schließt sich nie,
Die hohen Fenster, ‚komm nur' sprechen sie.
Und Virchow kommt und feiert Nachkongress,
Stockhausen kommt und schwelgt in Fug' und Mess',
Und Niepa kommt, vom Zeitungsdienste müd,
Und Lindau kommt in Glanz und ‚Nord und Süd'
Und einer noch (es zögerte sein Fuß
Im Abschiedsaugenblick) ... und hier – sein Gruß.

Adolph Meyer war neben seiner erfolgreichen Arbeit als Hamburger Fabrikant auch politisch tätig. Sein besonderes Interesse galt jedoch der Meereskunde, er schrieb mehrere bemerkenswerte Bücher zur Tierwelt in der Kieler Bucht, richtete sieben von ihm finanzierte Beobachtungsstationen von Kiel bis Helsingør ein und unternahm zwei kleinere Forschungsreisen in den Belt. Die Kieler Universität verlieh ihm 1866 die Ehrendoktorwürde.

Nach Meyers Tod kaufte Heinrich Diederichsen mit seinen Brüdern den Besitz, der ursprünglich als Sommersitz für die ganze Familie Diederichsen gedacht war, doch dessen alleiniger Besitzer er bald war. Auch Diederichsen führte mit seiner Frau Dorothea, geb. Lehmann, ein gastfreies Haus, das Verwandten, Geschäftsfreunden, Wissenschaftlern und Künstlern offen stand. In der Villa „Forsteck" entstand in Zusammenar-

Standort des Hauses Forsteck (Bildmitte) im Diederichsen-Park.
Foto: Gerd Stolz, Kiel

beit mit Professor Bernhard Harms (1876–1939) der Gedanke, das Institut für Seeverkehr und Weltwirtschaft zu gründen, das heute in dem ehemaligen Kruppschen Logierhaus am Düsternbrooker Weg 120 am Alten Olympiahafen zu Hause ist und weltweit einen hervorragenden Ruf genießt. Diederichsen war zeitlebens ein tatkräftiger Förderer dieser Einrichtung wirtschaftswissenschaftlicher Forschung.

Heinrich Diederichsen wurde am 1. Juli 1865 in Kiel geboren, besuchte in seiner Heimatstadt die Gelehrtenschule, übernahm 1888 die väterliche Firma – Reederei, Kohlengeschäft und Assekuranz – und baute sie innerhalb kurzer Zeit insbesondere mit dem sich rasch entwickelnden Ostasienhandel aus. Aus jenen Jahren stammen die ersten wirtschaftlichen Verbindungen mit den Howaldtswerken.

Nach dem Tode seines letzten Bruders, des Seniorchefs der Fa. Theodor Wille, wurde Diederichsen 1924 Alleininhaber dieses Unternehmens, an dem er bereits seit 1900 beteiligt war und das im Südamerikageschäft ca. 13 % des gesamten brasilianischen Welt-Kaffee-Exports abwickelte.

In ihrer schwersten wirtschaftlichen Krise, als die Liquidation bereits beschlossen war, kaufte Diederichsen im September 1926 die Howaldtswerke AG in Kiel für 1,75 Millionen Mark, um seiner Vaterstadt dieses wichtige Unternehmen zu erhalten. Sie entwickelten sich allmählich mit

Haus Forsteck, Eingangsseite, um 1910.
Foto: Schleswig-Holsteinische Landesbibliothek, Kiel

der 1930 hinzugekauften Vulcan-Werft in Hamburg zum drittgrößten Werftbetrieb in Deutschland.

1907 gründete das Ehepaar Diederichsen in Absprache mit dem damals gerade nach Kiel berufenen Prof. Wilhelm Anschütz (1870–1954) die „Thea-Diederichsen-Stiftung" als chirurgisch-orthopädische Kinderklinik am Schwanenweg, die bald eine wichtige Forschungsstätte an der Universität Kiel war und im Zweiten Weltkrieg zerstört wurde.

Heinrich Diederichsen starb am 20. April 1942 in Hamburg nur wenige Monate nach seiner Frau. Den Untergang der Villa „Forsteck" im Jahre 1944 erlebten sie nicht mehr. Auf dem Gelände wurde 1957/58 mit finanzieller Förderung der Howaldtswerke der Diederichsen-Park als Landschaftspark und öffentlicher Naherholungsraum angelegt.

Literatur zu:

a) Villa „Forsteck"
Charitas Bischoff, Bilder aus meinem Leben, Berlin 1919
Lotte Hegewisch, Erinnerungen früherer Stunden für Letzte Stunden, Kiel 1902
Arthur Gloy, Aus Kiels Vergangenheit und Gegenwart, Kiel 1926
Landeshauptstadt Kiel, Forstbaumschule und Diederichsen-Park, Kiel 1998

b) Adolph Meyer
Dieter Rednack, Adolph Meyer. In: Neue Deutsche Biographie, 17. Band, Berlin 1994, S. 294–295
Eduard Alberti, Lexikon der Schleswig-Holstein-Lauenburgischen und Eutinischen Schriftsteller von 1866–1862, 2. Band, Kiel 1886, S. 33–34

c) Heinrich Diederichsen
SHBL 1, 125–126
Else Weißhun, Heinrich Diederichsen. In: Schleswig-Holstein, 11. Jg., H. 6/Juni 1959, S. 148–150
Neue Deutsche Biographie, 3. Band, Berlin 1957, S. 639–640
Deutsches Geschlechterbuch, 91. Band, Görlitz 1936, S. 129–131
Bruno Bock, Gebaut bei HDW – 150 Jahre Howaldtswerke-Deutsche Werft AG, Herford 1988

26 Kiel-Pries, Dorfplatz

Findling

Inschrift:

Zum Gedenken an den Maler
Friedrich Karl Gotsch
aus Pries
3. II. 1900 – 21. IX. 1984

Der Stein steht vor dem Geburtshaus von Friedrich Karl Müller, der sich als Maler und Graphiker nach dem Mädchennamen seiner Mutter F. K. Gotsch nannte und zu den bedeutendsten Künstlern seiner Generation aus Schleswig-Holstein gehört.

Nach Abitur und Kriegsdienst studierte Gotsch an der Universität Kiel Philosophie und Kunstgeschichte, zugleich nahm er privaten Kunstunterricht bei dem Maler und Graphiker Hans Ralfs in Kiel. 1920 wechselte Gotsch zur Sächsischen Akademie der Bildenden Künste in Dresden, wo er zuerst bei Otto Hettner (1875–1931), dann von 1921 bis 1923 als Meisterschüler bei Oskar Kokoschka (1886–1980) studierte. Im November 1923 reiste Gotsch mit der Malerin Hilde Goldschmidt

Gedenkstein für Friedrich Karl Gotsch. Foto: Gerd Stolz, Kiel

(1897–1980) in die USA, in den nächsten Jahren folgten gemeinsame Studienaufenthalte in Paris, Italien, Südfrankreich und München, doch verbrachte das Künstlerpaar die Sommermonate fast regelmäßig in St. Peter und Kiel-Friedrichsort, bis sich ihre Wege 1933 trennten. Gotsch zog dann nach Berlin, wo seine Kunst bald als „entartet“ galt und sein Atelier im Zweiten Weltkrieg bei einem Bombenangriff zerstört wurde.

Nach Kriegsende kehrte Gotsch aus britischer Kriegsgefangenschaft nach Eiderstedt zurück, setzte dort seine künstlerische Tätigkeit fort und knüpfte zahlreiche Kontakte in die skandinavischen Länder. 1950 konnte er in St. Peter ein mit Hilfe eines Förderers erstelltes eigenes Atelier-Haus beziehen. 1956 erhielt Gotsch den Kunstpreis des Landes Schleswig-Holstein, 1968 war er Ehrengast in der Villa Massimo in Rom, außerdem wurde in jenem Jahr die Friedrich-Karl-Gotsch-Stiftung im Schleswig-Holsteinischen Landesmuseum errichtet, die das umfangreiche Werk des Künstlers seither in Erinnerung hält und in wechselnden Sonderausstellungen zeigt.

Gotsch blieb zeit seines Schaffens der gegenständlichen Malerei verhaftet und dem Expressionismus treu, was ihm auch die Bezeichnung „Kronprinz des Expressionismus“ einbrachte. Viele seiner Werke zeigen Figuren und Porträts, und Gegenpol zu den zahlreichen auf Reisen entstandenen Bildern sind die vielen schleswig-holsteinischen Stadt- und Landschaftsmotive.

Literatur:

SHBL 8, 165–168

Gabriele Bremer, Schleswig-Holsteinisches Künstlerlexikon des 20. Jahrhunderts, Band 1, Egelsbach / Frankfurt/M. 1997 = Deutsche Hochschulschriften 2371, S. 231

P. Goeritz / M. Leuba, Friedrich Karl Gotsch 1900–1984 – Werkverzeichnis der Gemälde, Neumünster 1987

27 Kaistraße

Treppenanlage (Stützmauer) beim Durchgang zur Fabrikstraße/
Heinrich-Ehmsen-Platz

Eisentafel mit Bronzelegierung (75 cm x 112 cm)

Gedenktafel für Johann Schweffel, August Ferdinand Howaldt und Wilhelm Bauer. Foto: Gerd Stolz, Kiel

Inschrift:

Am 1. Oktober 1838 eröffneten
an dieser Stelle der Kaufmann
Johann Schweffel
geb. 28. 7. 1796 in Kiel,
verstorben 14. 4. 1875 ebendort,
und der Mechanikus
August Ferdinand Howaldt,
geb. 23. 10. 1809 in Braunschweig,
verstorben 4. 8. 1883 in Kiel,
eine Maschinenbauanstalt
und Eisengießerei, aus denen die
Kieler Howaldtswerke
hervorgingen.
Hier lief am 18. 12. 1850 der
„Brandtaucher" vom Stapel,
das erste deutsche Eisenschiff
und Unterseeboot, konstruiert
von Wilhelm Bauer aus
Dillingen an der Donau (1822–1876).
Materialeinsparungen – durch
Geldmangel bedingt – führten am 1. 2.
1851 zum Untergang des Bootes.

Die Gedenktafel erinnert an den Ursprung eines der größten und bedeutendsten Industriebetriebe Schleswig-Holsteins, der „Howaldtswerke", und zugleich an eine außergewöhnliche Pioniertat des internationalen Schiffbaus, den Bau des ersten Unterseebootes, „Brandtaucher" genannt. Beide Momente, in der Folge der Ereignisse miteinander verbunden, fielen in einen Zeitabschnitt, in dem auch in Schleswig-Holstein das Industriezeitalter mit der Umgestaltung der Arbeitswelt Einzug hielt.

Im Jahre 1825 hatte der technisch sehr interessierte Kaufmann Johann Schweffel (1796–1865) auf der „Rosenwiese" am Kieler Hafen eine

Schiffswerft gegründet, außerdem erweiterte er 1835 seine aus drei Segelschiffen bestehende Flotte durch Ankauf des Raddampfers „Löven“, eines der ersten zwischen Kiel und Kopenhagen regelmäßig verkehrenden Dampfschiffe. Als Maschinenmeister arbeitete bei ihm der aus Braunschweig stammende Mechanikus August Ferdinand (Friedrich) Howaldt (1809–1883), ein talentierter junger Mann. Da die beiden Männer mit den 1837 aus England gelieferten Ersatzteilen qualitätsmäßig nicht zufrieden waren, beschlossen sie, eine eigene Maschinenbauanstalt zu gründen und sich damit von dem praktisch vorhandenen britischen Monopol für Dampfmaschinen unabhängig zu machen. Nach dem Gesellschaftervertrag von 1838, den sie als gleichberechtigte Partner schlossen, war Howaldt der technische Leiter des neuen Unternehmens, während Schweffel den kaufmännischen Bereich übernahm.

Der erste schiffbautechnisch hervorragende Auftrag für Schweffel & Howaldt war 1849 die Lieferung der Dampfmaschine und des Schraubenantriebs für das auf der Kieler Werft Hilbert erbaute Kanonenboot „von der Tann“ der Schleswig-Holsteinischen Marine, das erste Dampfschrauben-Kanonenboot in der Welt. Die noch junge Maschinenbauanstalt und Eisengießerei hatte außer dem damaligen finanziellen Wagnis eines solchen Schrittes auch ihre Bereitschaft für fortschrittliche technische Neuerungen unter Beweis gestellt, sich damit für weitere zukunftsträchtige Aufträge qualifiziert.

In jenen Monaten der schleswig-holsteinischen Erhebung von 1848/51 war mit dem bayerischen Kontingent der Hilfstruppen des

„Schweffel und Howaldtsche Fabrik am Kleinen Kiel“ um 1865.
Aus: H. Eckardt, Alt-Kiel in Wort und Bild, Kiel 1899

Der „Brandtaucher“ (Ansicht von hinten) von Wilhelm Bauer während der Ausstellung 1999–2001 in Kiel.
Foto: Gerd Stolz, Kiel

Der „Brandtaucher“ (Bug) von Wilhelm Bauer während der Ausstellung 1999–2001 in Kiel. Foto: Gerd Stolz, Kiel

Deutschen Bundes im Jahre 1849 der Artillerie-Unteroffizier Wilhelm Bauer nach Schleswig-Holstein gekommen. Bei den Kämpfen um den Übergang über den Alsensund bei Sonderburg (Sønderborg/DK) im April 1849 kam ihm der Gedanke zum Bau eines mit Muskelkraft zu bewegenden Bootes, mit dem unter der Wasseroberfläche unbemerkt Sprengladungen an Brücken und Schiffen angebracht werden könnten.

Nach Ende seiner Dienstzeit im bayerischen Heer trat Wilhelm Bauer am 30. Januar 1850 als Unteroffizier in die Schleswig-Holsteinische Armee ein und legte wenig später dem Generalkommando seine Pläne eines „Taucherfahrzeuges“, auch „submarine Apparat“ oder „Brandtaucher“ genannt, vor. Eine Kommission der Schleswig-Holsteinischen Marine prüfte Bauers Projekt mit dem vorgestellten Modell und stellte ein empfehlendes Zeugnis aus.

Im Spätsommer 1850 wurde dann mit dem Bau des „Brandtauchers“ begonnen, zunächst auf der Carlshütte in Rendsburg, dann von Mitte September bis Dezember bei der Maschinenbauanstalt und Eisengießerei von Schweffel & Howaldt in Kiel. Am 18. Dezember 1850 war der „Stapellauf“, d. h. der „Brandtaucher“ (8 m lang, 2 m breit und 3,5 m hoch) wurde aus der Kesselschmiede in der Rosenwiese gezogen, über die Eisenbahnschienen gehoben und in das Hafenwasser gesetzt.

Die erste richtige Erprobung des „Brandtaucher“, also der erste Tauchversuch am 1. Februar 1851 in der Kieler Förde, endete mit dem Absinken des Bootes auf den Fördegrund an jener Stelle, wo sich heute das große Dock und die hohen Portalkräne der HDW-Howaldtswerke befinden. Der Grund des Sinkens war, dass die Konstruktion des Rumpfes zu schwach war, sodass der verformte Bootskörper leck wurde und Wasser eindringen konnte. Der Besatzung des „Brandtaucher“ – Bauer und zwei Kameraden – gelang nach ca. sechs Stunden der Ausstieg aus dem langsam voll laufenden Boot nach dem Druckausgleich mit der aufsteigenden Luftblase – zum ersten Mal in der Geschichte der Seefahrt rettete sich auf diese Art die Besatzung eines gesunkenen Schiffes.

Am 15. Februar 1851 übernahm die schleswig-holsteinische Marinekommission nach dem Bericht Bauers über den ersten Tauchversuch den „Brandtaucher“ in gesunkenem Zustand – es ist in der Marinegeschichte wohl der einzige Fall, dass ein Schiff in gesunkenem Zustand ohne Beanstandung übernommen wurde.

Der „Brandtaucher“ wurde 1887 bei Baggerarbeiten für einen Torpedohafen in der Förde bei Ellerbek gefunden und gehoben. In den vergangenen 150 Jahren waren Auf- und Ausstellungsort des „Brandtaucher“ Kiel, Berlin, Rostock, Dresden und von 1999–2001 wiederum Kiel, wo er im Schifffahrtsmuseum in einem künstlerischen Unterwasserszenario präsentiert wurde.

Literatur zu:

Howaldtswerke:
Bruno Bock, Gebaut bei HDW – 150 Jahre Howaldtswerke-Deutsche Werft, Herford 1988
Hellmut Kleffel, 125 Jahre Kieler Howaldtswerke, Kiel 1963

Wilhelm Bauer / „Brandtaucher“:
Klaus Herold, Der Kieler Brandtaucher. Wilhelm Bauers erstes Tauchboot, Bonn 1993
Jürgen Jensen, Der Kieler Brandtaucher, Kiel 1999 = Schriften des Kieler Stadt-und Schifffahrtsmuseums
Gerd Stolz, Die Schleswig-Holsteinische Marine 1848–1852, 2. Aufl., Heide 1987

28 Karstadt-Kaufhaus/Sophienhof

Fußgängerpassage Holstentörn

Bronzetafel (60 cm x 85 cm)
1973 enthüllt

Inschrift: Unter dem Reliefporträt (Kopf Detlev v. Liliencrons)

An dieser Stelle befand
sich das Geburtshaus
des Dichters und Lyrikers
Detlev v. Liliencron
geb. 3. 6. 1844
gest. 22. 7. 1909
in Rahlstedt
Bis zu seinem 17. Lebens-
jahr wohnt er in Kiel.

Als Kiel mit 13 000 Einwohnern noch eine Kleinstadt war, wurde in dem Haus Herzog-Friedrich-Straße 22 Friedrich Adolf Axel von Liliencron geboren, der sich später mit Vornamen nur noch Detlev nannte. Als preußischer Offizier a. D. und ehemaliger Staatsbeamter führte er ein wenig glückhaftes Leben als Bohemien, und sein Wunschtraum von einem Leben als Grandseigneur erfüllte sich wegen des notwendigen, aber fehlenden Geldes nicht. Liliencron war der Sohn eines königlich dänischen Zollassistenten und einer Deutschamerikanerin. In dem Hause, das 1871 wegen des Kaufhaus-Neubaues abgerissen wurde, verlebte Liliencron die Kindheit und den größten Teil seiner Jugend; weitere Wohnplätze in Kiel waren Walkerdamm 122 und ab 1857 Fischerstraße 11.

Von 1854 bis 1861 besuchte Liliencron die Kieler Gelehrtenschule, wo er Französisch, Englisch, Dänisch, Lateinisch und Griechisch lernte, ihm allerdings Mathematik schwer zu schaffen machte, wie er später bekannte. Mit 17 Jahren verließ er Schule und Vaterstadt, um nach kurzem Schulaufenthalt in Erfurt 1863 in Berlin in die Kadettenanstalt einzutreten. Liliencron nahm als Offizier am deutsch-österreichischen Krieg von 1866 und am deutsch-französischen Krieg von 1870/71 teil, in dem er zweimal verwundet wurde. Wegen zu hoher Schulden musste er 1875 seinen Abschied als Hauptmann a. D. nehmen.

Das Geburtshaus Detlev v. Liliencrons in der Herzog-Friedrich-Straße 22 im Jahre 1970 vor dem Abriss für den Neubau des heutigen Karstadt-Kaufhauses.
Foto: Schleswig-Holsteinische Landesbibliothek, Kiel

Hafenlegende

Der Schiffer schaukelt aus dem Hafen,
Vom Steuer sieht er noch das Haus,
Wo er die letzte Nacht geschlafen,
Dann führt der Sturm ihn frisch hinaus.

Und Jahr auf Jahr verweht im Winde;
Wie hat er oft zurückgedacht,
Im Traum geschaut die alte Linde,
Die Haus und Weib und Kind bewacht.

Und draußen, fern in heißen Zonen
Häuft Reichtum sich um seinen Mast,
Die treue Arbeit muß sich lohnen,
Fast sinkt, zu schwer, die goldne Last.

Sein Anker fällt am Heimatstrande,
Dort hat der Krieg sein Land zerstört.
Im Dorfe riecht es noch vom Brande,
Sein Kind ist tot, sein Weib betört.

Und lange starrt er auf die Stelle,
Wo einst sein kurzes Lindenglück,
Wo einst ihm eine liebe Schwelle —
Dann speit er aus und kehrt zurück.

Und läßt ein Boot sich fertig machen,
Und rudert weg in Wahn und Weh.
Verlassen schwankt und treibt ein Nachen,
Möwenumschrien auf leerer See.

Detlev von Liliencron, „Hafenlegende".

Zu seiner Heimatstadt Kiel, die sich explosionsartig und unorganisch zu einer Groß- und Industriestadt entwickelte, hatte der Dichter zeit seines Lebens ein gespanntes Verhältnis. Liliencron führte ein unruhiges und unstetes Leben, das ihn nach Amerika und zurück führte, das überschattet war von vielen Misserfolgen in mehreren Berufen, von Finanznöten, das ihm erst spät in einer dritten Ehe nach dem Umzug nach (Hamburg-)Rahlstedt 1901 ein wenig Ruhe und Anerkennung gönnte.

Kiel war Liliencron lange verleidet, ja, zeitweise fand er harte Worte für die verloren gegangene Kindheitsstätte, der er nachtrauerte. Erst der alternde Dichter versöhnte sich mit dem „lieben, alten Nest", und die Philosophische Fakultät der Christian-Albrechts-Universität verlieh ihm zu seinem 65. Geburtstag die Ehrendoktorwürde.

Detlev von Liliencron, Liebhaber-Aufnahme 1898.
Aus: Heinz Stolte, Detlev von Liliencron – Leben und Werk, Husum 1980

Auf Initiative des Instituts für Literaturwissenschaft der Universität in Kiel stiftete sie 1997 mit dem Literaturhaus Schleswig-Holstein die Kieler Liliencron-Dozentur. „Jeweils im Sommersemester wird ein Lyriker oder eine Lyrikerin aus dem Deutschen Sprachraum eingeladen, in einem Seminar (für Studierende) und in einer Vorlesung (für alle Literaturinteressierten innerhalb und außerhalb der Universität) Probleme der Lyrik zu erörtern" (Liliencron-Dozentur für Lyrik, Kiel 1998).

Literatur:

SHBL 1, 182–185
Schleswig-Holsteinische Landesbibliothek (Herausg.), Detlev von Liliencron (1844–1909) – Ausstellung und Nachlass, Kiel 1984
Arbeitsgemeinschaft „Detlev von Liliencron-Jahr 1994", Detlev von Liliencron (1844–1909) – Gedenkschrift zum 150. Geburtstag des Dichters, (Hamburg-) Rahlstedt 1994
Heinz Stolte, Detlev von Liliencron – Leben und Werk, Husum 1980

29 Sophienblatt

Hauptbahnhof

Bronzetafel (55 cm x 69 cm)

Inschrift:

Hier befand sich die Wohnstätte von
Georg Waitz
geb. 9. 10. 1813 in Flensburg
gest. 24. 5. 1886 in Berlin
1842–1848 Professor der Geschichte
in Kiel, ab 1848 Bevollmächtigter
der schleswig-holsteinischen
Provisorischen Regierung in Berlin.
Als Kieler Abgeordneter wirkte er
in der Frankfurter Paulskirche
führend an dem Entwurf der deut-
schen Reichsverfassung mit.

Waitz entstammte einem schmalkaldischen Geschlecht, studierte nach dem Besuch der Flensburger Gelehrtenschule ab 1832 in Kiel zunächst Rechtswissenschaft, um sich dann nach seinem Umzug nach Berlin unter dem Einfluss Leopold von Rankes (1795–1886) dem Studium der Geschichte zuzuwenden. Waitz war schon ein in wissenschaftlichen Kreisen bekannter Forscher, als er im Alter von 28 Jahren seine Antrittsvorlesung an der Christian-Albrechts-Universität in Kiel hielt.

Seit 1842 war Waitz Sekretär der Schleswig-Holstein-Lauenburgischen Gesellschaft für Vaterländische Geschichte und 1846 Abgeordneter der Holsteinischen Provinzialständeversammlung. Er war 1846 u. a. mit Nicolaus Falck (s. Nr. 8) und Gustav Droysen (1808–1887) Mitverfasser der Denkschrift gegen den Offenen Brief König Christians VIII. von Dänemark und erhielt deshalb einen Verweis der dänischen Regierung. Im Frühjahr 1848 verließ Waitz Kiel für einen Lehrauftrag nach Göttingen, kehrte nach Ausbruch der schleswig-holsteinischen Erhebung aber gleich wieder nach Schleswig-Holstein zurück.

Von März bis Mai 1848 war Waitz Mitarbeiter der Provisorischen Regierung zunächst des Grafen Friedrich von Reventlou (1797–1874), dann Bevollmächtigter in Berlin, danach bis Mai 1849 für den 4. Holsteinischen Wahlbezirk Mitglied der Nationalversammlung in der Frankfurter Paulskirche, wo er führend an dem Entwurf der Deutschen Reichsverfassung mitarbeitete.

Danach nahm Waitz seine wissenschaftliche Lehrtätigkeit in Göttingen wieder auf, und war u. a. von 1875 bis 1886 Vorsitzender der Zentraldirektion der Monumenta Germania Historica in Berlin.

Georg Waitz, Holzschnitt im 1850.
Foto: Schleswig-Holsteinische Landesbibliothek, Kiel

Schleswig-Holstein blieb Waitz über die Jahre weiterhin verbunden. 1863 und 1864 nahm er an Volksversammlungen in Göttingen und Hannover zur Unterstützung der schleswig-holsteinischen Bewegung teil. Bei seinem letzten Aufenthalt in Kiel 1885, als er zum 100. Geburtstag Friedrich Christoph Dahlmanns (1785–1860) die Gedenkrede hielt, wurde er von den Kieler Bürgern stürmisch begrüßt.

Waitz, zu dessen Freunden auch die Brüder Grimm gehörten, war ein Mann des Ausgleichs, der sich mit dieser Eigenschaft in Verhandlungen bewährte. Wissenschaftler charakterisierten ihn als „maßvoll im Urteil und entscheidend im Tun."

Literatur:

Heinrich Best / Wilhelm Weege, Biographisches Handbuch der Abgeordneten der Frankfurter Nationalversammlung 1848/49, Düsseldorf 1996, S. 347–348 = Handbücher zur Geschichte des Parlamentarismus und der politischen Parteien Bd. 8

Deutsche Bibliographische Enzyklopädie, Bd. 10, Darmstadt 1999, S. 296

30 Königsweg 8–12

St. Elisabeth-Krankenhaus

Marmortafel (50 cm x 70 cm)
1932 angebracht

Inschrift:

Hier wirkte vom Jahre
1885 – 1920
Gustav Adolf Neuber
der Schöpfer der Asepsis
u. Erbauer dieser ersten
nach aseptischen Grundsätzen
erbauten Klinik der Welt

Das St. Elisabeth-Krankenhaus war die erste moderne chirurgische Klinik der Welt, doch den Namen führt es erst seit 1958, als es mit dem Eigentumsübergang die Kieler Niederlassung der Kongregation der Schwestern von der Heiligen Elisabeth und nach deren Schutzpatronin benannt wurde. Von der Errichtung bis zur Übergabe an das Anschar-Krankenhaus hieß es nach seinem Begründer „Dr. Neubers Privat-Klinik“.

Gustav Neuber wurde am 24. Juni 1850 in Tondern (Tønder/DK) geboren, nahm als Husar am deutsch-französischen Krieg in der Normandie teil und kam 1876 als Assistent zu Professor Friedrich v. Esmarch (1823–1908) an die Kieler Chirurgische Klinik.

Gustav Neuber, um 1910.
Foto: Schleswig-Holsteinische Landesbibliothek, Kiel

Grabstein der Neuber-Familie in Kiel auf dem Südfriedhof. Foto: Gerd Stolz, Kiel

Noch in demselben Jahr ließ er sich von September bis November freistellen, um als Oberstabsarzt der serbischen Armee am serbisch-türkischen Krieg teilzunehmen.

Bis 1884 war Neuber die „rechte Hand“ Professor Esmarchs. Er schied dann aus der Universitätsklinik aus, um 1885 das nach seinen Vorschlägen am Königsweg errichtete, von dem Gaardener Architekten Ferdinand Schmidt entworfene Privathospital zu übernehmen, wo er bis 1920 als einer der führenden Chirurgen Deutschlands arbeitete.

Neuber gilt als der Schöpfer der Asepsis, deren Grundsätze er gegen den Willen seines Chefs Esmarch in der Universitätsklinik nicht durchsetzen konnte. Die von Neuber errichtete Klinik war die erste nach aseptischen Grundsätzen erbaute und betriebene Klinik, die mit ihrer Einrichtung richtungsweisend für die medizinische Welt wurde – es war „eine kühne, überzeugungstreue Tat“, wie es Professor Wilhelm Anschütz (1870–1954) bei der Gedenkstunde zur Enthüllung der Erinnerungstafel in Neubers Todesjahr formulierte. Doch erst allmählich setzte sich Neubers Beispiel durch. So wählte er als Motto für den 1886 erschienenen Band seiner Arbeiten über die Wundbehandlung den Spruch

> Wer andern etwas vorgedacht,
> Wird jahrelang erst ausgelacht,
> Begreift man die Entdeckung endlich;
> So nennt sie jeder selbstverständlich.

Neuber erfreute sich bei seinen Mitarbeitern und Patienten großer Beliebtheit. Er starb am 13. April 1932; der Stein über dem Familiengrab auf dem Kieler Südfriedhof trägt die Inschrift:

> Nun aber bleibet Glaube, Hoffnung und Liebe, diese drei;
> aber die Liebe ist die größte unter ihnen; 1. Korinth. 13.

Literatur:

SHBL 6, 205–207
G. E. Konjetzny / E. Heits, Gustav Adolf Neuber und die Asepsis, Stuttgart 1950

31 Rondeel

am Beginn der Lübecker und Hamburger Chaussee

Bronzetafel (34 cm x 46 cm)

Gedenktafel für Johann Meyer.
Foto: Gerd Stolz, Kiel

Inschrift:

An dieser Stätte
wohnte u. wirkte
von 1862–1904 der
plattdeutsche
Dichter
Johann Meyer
als liebevoller
Betreuer seiner
Anstalt für Bil-
dungsschwache u.
Bildungsunfähige.

Johann Hinrich Otto Meyer wurde am 5. Januar 1829 in Wilster als Sohn eines Müllers geboren. Neben seiner Lehre als Müller und Zimmermann vermittelten ihm Pastor und Dorflehrer durch Privatunterricht ein umfangreiches Wissen. Während der schleswig-holsteinischen Erhebung von 1848/51 war Meyer Sanitäter in der Schleswig-Holsteinischen Armee und trat mit 22 Jahren in die Tertia des Meldorfer Gymnasiums ein. Nach dem Abitur studierte Meyer in Kiel zuerst Theologie, später Philosophie, Geschichte und Literaturgeschichte.

Erst mehrere Jahre später fand er seine eigentliche Lebensaufgabe; nach Tätigkeiten als Erzieher in (Hamburg-)Altona und Chefredakteur der „Itzehoer Nachrichten“ kam ihm als Erzieher in einer Schleswiger Heilanstalt der Gedanke, in Kiel ein ähnliches Institut zu schaffen.

In der Nähe des Rondeels gründete Meyer 1862 mit seiner Frau Georgine ein Heim für ca. 80 geistig und körperlich behinderte Kinder, das nach 40-jährigem Bestehen aufgelöst und in eine Provinzialanstalt überführt wurde. In dem Heim widmete sich Meyer mit Erfolg den Fragen der Heilpädagogik und der Eingliederung der jungen Menschen in das tägliche Leben.

Johann Meyer wurde in seiner Heimat aber mehr als niederdeutscher Volksdichter bekannt; sein erster Band mit plattdeutschen Gedichten erschien 1858. Noch größeren Erfolg als mit seinen Gedichten hatte er mit seinen Bühnenstücken, Dramen und Schwänken. Sein Stück „To Termin“ wurde von dem Kieler Sommertheater „Tivoli“ sechs Jahre lang über 100 Mal aufgeführt. Meyer war darüber hinaus ständiger Mitarbeiter der „Kieler Neueste Nachrichten“, wo viele plattdeutsche Verse von ihm veröffentlicht wurden.

Grabstätte Johann Meyer in Kiel auf dem Südfriedhof; das Grabmal schuf sein Schwiegersohn, der Künstler Heinrich Mißfeldt.
Foto: Gerd Stolz, Kiel

Bei der Heimkehr von einer Theaterprobe erlitt Meyer in der Straßenbahn einen Schlaganfall, an dessen Folgen er am 15. Oktober 1904 starb. Seinem Sarge folgten u. a. Timm Kröger, Johann Hinrich Fehrs und Karl Groth, ein Sohn Klaus Groths.

Das Grabmal auf dem Südfriedhof schuf sein Schwiegersohn, der Künstler Heinrich Mißfeldt. Es zeigt im kreisrunden Medaillon den Kopf des Dichters und Pädagogen. Auf dem flachen Sockel davor sitzt ein trauerndes Mädchen in antikem Gewand mit einem Rosenkranz in der rechten Hand (Bronze).

Literatur:

J. Heinemann, J. M., ein schleswig-holsteinischer Dichter, 3 Bde., Hamburg 1899/1900
Carl Voss, J. M. und seine Bedeutung als deutscher Volksdichter, Kiel 1899
Dierk Gerhard Puls, Dichter und Dichtung in Kiel (1962), S. 42–45

32 Hermann-Weigmann-Straße 48

Bundesanstalt für Milchforschung

Bronzetafel (170 cm x 40 cm)
am 6. 1. 1971 übergeben

Inschrift unter dem Reliefporträt:

Prof. Dr.
Wilhelm
Henneberg
* 6. 1. 1871 † 16. 1. 1936
Direktor des Instituts
für Mikrobiologie
von 1922 bis 1936

Gedenktafel für Wilhelm Henneberg an der Bundesanstalt für Milchforschung.
Foto: Gerd Stolz, Kiel

Henneberg wurde 1871 in Magdeburg als Sohn eines praktischen Arztes geboren, studierte Chemie, Zoologie, Botanik und Mikrobiologie in Göttingen und Rostock, war 1898–1922 am Institut für Gärungsgewerbe in Berlin tätig, seit 1906 als Abteilungsleiter, seit 9. 2. 1912 als Professor.

Am 16. 3. 1922 wurde Henneberg Direktor des damals neu gegründeten Bakteriologischen Instituts der Preußischen Versuchs- und Forschungsanstalt für Milchwirtschaft in Kiel, ein Amt, das er bis zu seinem Tode im Jahre 1936 innehatte. Seit 1. 1. 1923 war er Mitglied des Reichsgesundheitsrates, seit 7. 6. 1924 Honorarprofessor für nichtmedizinische Bakteriologie.

Henneberg befasste sich hauptsächlich mit der Untersuchung der Lebensbedingungen von Schimmelpilzen, Hefen und Bakterien in Milch und Milchprodukten, insbesondere bei der Käse- und Butterherstellung. Seine Forschungsergebnisse veröffentlichte er in Fachzeitschriften, Nachschlagewerken und Lehrbüchern.

Literatur:

Deutsche Biographische Enzyklopädie, Bd. 4, München 1996, S. 589

33 Harmsstraße 73

Bronzetafel (55 cm x 35 cm)
September 1989 angebracht

Inschrift:

Der Schauspieler
Hans Söhnker
* 11. 10. 1903 in Kiel
† 20. 4. 1981 in Berlin
wuchs in diesem Hause auf.
Er war von 1922 bis 1924
am Kieler Stadttheater engagiert.

Der Weg des Schauspielers Söhnker zum Theater und weiter zum Film begann in seiner Geburtsstadt und war ein Umweg über einen anderen Beruf. Söhnker war das fünfte von sechs Kindern des Verlagsleiters Edmund Söhnker aus Wittenberg und seiner Ehefrau Maria Magdalena geb. Stölting aus Flintbek. Das im Zweiten Weltkrieg zerstörte Geburtshaus von Hans Söhnker stand in der Augustenstraße 40; weitere Stationen waren ab 1. Oktober 1904 Schaßstraße 17, ab Oktober 1908 Langenbeckstraße 8, ab August 1909 Harmsstraße 73, ab Oktober 1915 Hasseldieksdammer Weg 29 und ab August 1923 bis September 1924 Fleethörn 60.

Söhnker verlebte Kindheit und Jugend in Kiel. „Die Jugend war ungestüm und ausgefüllt von allerlei Streichen, wie es sich für richtige Jungen gehört. Zwei Leidenschaften beherrschten mich damals: Fußball und Angeln ... In den Sommerferien pflegten wir Kinder täglich an die Förde der Ostsee zu fahren, in die Gegend von Friedrichsort, wo wir am Strand unser Zelt aufschlugen und bis zum Abend dort blieben ... Ich ging auch leidenschaftlich gern ins Kino und ins Theater ... Gab es einmal einen Film, zu dem Jugendliche keinen Zutritt hatten, dann zog ich mir des Vaters lange Hosen an und steckte mir eine Zigarette in den Mund, um erwachsen zu wirken."

Nach der Mittleren Reife besuchte Söhnker ein Jahr lange die Höhere Handelsschule, danach begann er eine kaufmännische Lehre in einem Möbelgeschäft, die er nach zwei Jahren abbrach, um 1922 an den Vereinigten Kieler Theatern eine Schauspielausbildung zu erhalten. Bis 1923 erhielt Söhnker zudem Schauspielunterricht bei dem Regisseur Clemens Schubert. Söhnker debütierte 1923 im Schauspielhaus in Kiel mit der Rolle des Primaners Zedlitz in „Traumulus" von Arno Holz.

Gedenktafel für Hans Söhnker. Foto: Gerd Stolz, Kiel

Nach Beendigung der zweiten Kieler Spielzeit ging Söhnker nach Frankfurt/Oder, von dort 1926 an das Stadttheater Danzig, wo er auch seine spätere Frau, die Schauspielerin Charlotte Berlow, kennen lernte. Es folgten Engagements in Baden-Baden, Chemnitz, Bremen und Berlin.

1934 vom Film entdeckt, übernahm Söhnker zahlreiche Rollen in Unterhaltungsfilmen, drehte 1935 und 1937 auch zwei Filme in Großbritannien. Nach dem Zweiten Weltkrieg setzte er seine Filmkarriere fort, wirkte später auch in mehreren Fernsehserien mit. Insgesamt hat Söhnker in über 55 Filmen mitgespielt, von denen „Große Freiheit Nr. 7“ (1944), „Wenn wir alle Engel wären“ (1956) und „Die Fastnachtsbeichte“ (1960) die bekanntesten sind.

Literatur:

H. E. Weinschenk, Wir von Bühne und Film, Berlin 1936
H. S., Und kein Tag zuviel, 1974
DBE, Bd. 9, München 1998, S. 358

34 Melsdorf, Dorfstraße 13

Grundschule

Bronzetafel (65 cm x 45 cm)

Inschrift:

Diese Schule
besuchte
der Holzbildhauer
und Aquarellist
Otto Flath
von 1919–1922

Gedenktafel für Otto Flath an der Grundschule in Melsdorf. Foto: Gerd Stolz, Kiel

In dem ukrainischen Dorf Staritzke in der Nähe Kiews wurde Otto Flath am 9. Mai 1906 als Sohn volksdeutscher Eltern geboren. Der Vater wurde nach der Mobilmachung 1914 nach Sibirien ausgewiesen, während die Mutter mit sieben Kindern über Kiew, Poltawa und Charkow in ein Internierungslager nach Riga gelangte und die Familie von dort – mit dem Vater wieder vereint – 1918 über See nach Lübeck flüchtete, schließlich eine Unterkunft in Melsdorf bei Kiel fand. Flath besuchte dann die zweiklassige Dorfschule in Melsdorf, anschließend folgten fünf Jahre Lehre als Elfenbeinschnitzer und Möbeltischler, von 1928 bis 1930 der Besuch der Kieler Kunst- und Gewerbeschule.

Bildhauer Otto Flath, um 1950.
Foto: Schleswig-Holsteinische Landesbibliothek, Kiel

Flaths künstlerischer Durchbruch fiel in die Zeit seiner Übersiedlung 1935 nach Bad Segeberg, wo er mit Hilfe von Freunden und mit Unterbrechung durch Kriegsdienst und -gefangenschaft bis zu seinem Lebensende am 10. Mai 1987 arbeitete.

Im Mittelpunkt von Flaths Schaffen stand der Mensch in seinem irdischen Schicksal und in seinem göttlichen Ursprung. Flaths Gesamtwerk umfasst 300 Plastiken, mehr als 40 Altäre und ca. 1 000 Zeichnungen. Ein Großteil seiner teilweise überlebensgroßen Figuren, wobei ausschließlich Holz sein Werkstoff war, steht in Kirchen, Schulen, Krankenhäusern und Museen.

Literatur:

Gabriele Bremer, Schleswig-Holsteinisches Künstlerlexikon des 20. Jahrhunderts, Bd. 1, Egelsbach / Frankfurt/M. 1997, S. 193 = Deutsche Hochschulschriften 2371
Rudolph Jacoby, O. F. – der Schöpfer neuer Kirchenkunst. In: Heimatkundliches Jahrbuch für den Kreis Segeberg, 2. Jg., 1956, S. 84–99
(Lydia Peters), Otto Flath – Leben und Wirken, 2. Aufl., Bad Segeberg 1972

35 Dänische Straße 21–35

Nordelbisches Kirchenamt

Gedenkstein
(180 cm hoch x 37 cm x 37 cm)

Unter den eingemeißelten Umrissen des doppelten Treppengiebels des Vorgänger-Gebäudes, des Buchwaldtschen Hofes, die

Inschrift:

An dieser
Stelle stand
der Buch-
waldtsche Hof
1621 errichtet
als adliger
Freihof
1944 im Kriege
zerstoert
1814 wurde
hier der
Kieler Friede
zwischen
Daenemark
Schweden
und England
geschlossen.

Der schlanke, etwas abseits stehende und schwer zugängliche Gedenkstein aus poliertem Granit, dessen Inschrift und bildliche Darstellung nur schwer zu erkennen sind, erinnert an ein Gebäude, in dem einst ein für Nordeuropa bedeutsamer Friede geschlossen wurde: der auf den 14. Januar 1814 datierte Friedensvertrag zwischen Dänemark, Schweden und Großbritannien. Durch diesen Kieler Frieden wurde der dänische Gesamtstaat zwar gewahrt, allein von einer Großmacht im Ostseeraum auf das Maß einer Mittelmacht reduziert.

Auf dem Grundstück in der Dänischen Straße – einst gegenüber dem Schloss eine repräsentative Lage – hatte der wohlhabende, gebildete Landrat und Amtmann der Ämter Kiel, Bordesholm und der Landschaft

„Kiel von der Brunswiek aus gesehen“ – Aquarell von Adolf Burmester aus dem Jahre 1852; in der Mitte der Buchwaldtsche Hof (mit Doppelgiebel).
Foto: Schleswig-Holsteinische Landesbibliothek, Kiel

Fehmarn Egidius von der Lancken 1621 ein stattliches Gebäude mit Doppelgiebel, dem einzigen seiner Art in der Stadt Kiel, errichten lassen. Die Buchstabenfolge an der Frontseite des Hauses gab Kunde über den Bauherrn und seine Frau:

EVDL FLVDL A 1621
(= Egidius von der Lancken Frau Lucia von der Lancken Anno 1621)

Im Zuge der Besitzerwechsel änderte das Gebäude seinen Namen, ab 1787 nannte man es Buchwaldtscher Hof, und dieser Name blieb dann bis zur Zerstörung des Hauses im Zweiten Weltkrieg gebräuchlich. Auf dem geräumten Grundstück wurde 1956/1977 das Nordelbische Kirchenamt errichtet.

Die noch im ausgehenden 18. Jahrhundert im dänischen Gesamtstaat bestehende „Ruhe des Nordens“ mit der Neutralitätspolitik für die Monarchie wurde im Zuge der napoleonischen Expansionspolitik hinweggefegt. Nicht zuletzt auf Grund der strategisch bedeutsamen Lage des Gesamtstaates für Nord- und Ostsee sah sich König Friedrich VI. von Dänemark (1808–1839) gezwungen, ein Bündnis mit Napoleon einzugehen, was sich in der Folge als ein verhängnisvoller Schritt herausstellen sollte.

Der schweren Erschütterung des Wirtschaftslebens mit dem allgemeinen Staatsbankrott im Jahre 1813 folgte für den dänischen Gesamtstaat die politische wie militärische Niederlage. Eine schwedisch-preußische Armee unter Jean Baptiste Bernadotte, nunmehr als Karl XIV. Johann schwedischer Thronfolger, rückte von Süden her in das Land ein. Nach erfolgreichen Rückzugskämpfen bei Bornhöved am 7. Dezember 1813 und Sehestedt am 10. Dezember 1813 erreichten die dänischen Truppen die Festung Rendsburg, deren Einnahme nur durch den bald vereinbarten Waffenstillstand verhindert wurde.

Im Buchwaldtschen Hof in Kiel, vom 16. Dezember 1813 bis 23. Januar 1814 Bernadottes Hauptquartier, begannen am 10. Januar 1814 die Friedensverhandlungen, die am frühen Morgen des 15. Januar abgeschlossen wurden – der Friedensvertrag wurde auf den 14. Januar 1814 datiert.

Dänemark verzichtete in dem Kieler Frieden auf das seit 1387 mit ihm vereinigte Norwegen zugunsten Schwedens, erhielt aber als Ausgleich Schwedisch-Vorpommern mit der Insel Rügen, das es ein Jahr später mit Preußen gegen das Herzogtum Lauenburg eintauschte. Großbritannien sicherte seine vorherrschende Position in der Nordsee mit der Insel Helgoland, die es seit 1807 in Besitz hatte. Dänemark büßte zugleich seine einst starke Position im Ostseeraum ein.

Literatur:

Wiehr, Napoleon und Bernadotte im Herbstfeldzug 1813, Berlin 1893 / Stockholm 1895

Lord Russell of Liverpool, Bernadotte – Marshal of France & King of Sweden, London 1981

Christian Degn, Die Herzogtümer im Gesamtstaat = Geschichte Schleswig-Holsteins, Bd. 6, Neumünster 1960

36 Legienstraße 22

Gewerkschaftshaus

Bronzetafel 80 cm hoch × 60 cm (gestaffelt)
enthüllt am 9. November 1978

Inschrift:

In diesem Haus
tagte Anfang November
1918 der Kieler Arbeiter
und Soldatenrat. Er
gab den entschei-
denden Anstoß zur
Ausrufung der ersten
deutschen Republik
am 9. November 1918
in Berlin

Gedenkinschrift am Kieler Gewerkschaftshaus. Foto: Gerd Stolz, Kiel

Zum 60. Jahrestag der Wiederkehr der November-Ereignisse 1918 enthüllte der DGB-Kreis Kiel vor einer Feierstunde im Gustav-Garbe-Saal des 1907 erbauten Gewerkschaftshauses eine Tafel an der Außenmauer des Gebäudes; das Kieler Gewerkschaftshaus in der Legienstraße (damals: Fährstraße) war im November 1918 der Versammlungsort des am 5. November 1918 zusammengetretenen Kieler Arbeiter- und des Soldatenrates, wobei es in Kiel im Gegensatz zu anderen deutschen Städten einen gemeinsamen Rat nicht gab, sondern beide Gremien organisatorisch unabhängig voneinander bestanden. In dem heute nach dem Vorsitzenden des Arbeiterrates Gustav Garbe benannten Saal konstituierte sich seinerzeit der Kieler Arbeiterrat.

Der Matrosen- und Arbeiteraufstand in Kiel im November 1918 legte den Funken für die Revolution, der von hier aus auf ganz Deutschland übersprang und letztendlich zum Untergang des Kaiserreiches und zur Gründung der Weimarer Republik führte. Am 9. November 1918 wurden der Thronverzicht Kaiser Wilhelms II. bekannt gegeben, in Berlin von Philipp Scheidemann die Republik ausgerufen und die Regierungsgeschäfte auf den SPD-Vorsitzenden Friedrich Ebert übertragen.

Literatur:

Dirk Dähnhardt, Revolution in Kiel, Neumünster 1978 = Mitteilungen der Gesellschaft für Kieler Stadtgeschichte Bd. 64

Demokratische Geschichte – Jahrbuch zur Arbeiterbewegung und Demokratie in Schleswig-Holstein Bd. III = Themenband: 125 Jahre Sozialdemokratische Arbeiterbewegung in Schleswig-Holstein, Kiel 1988

Bernhard Rausch, Am Springquell der Revolution – Die Kieler Matrosenerhebung, Kiel 1918

37 Auguste-Victoria-Straße 2

(Eckgebäude „Haus Augustenburg")

Sandsteintafel (100 cm x 75 cm)

Inschrift (in verdrehten Buchstaben):

So güng
dat in de
Welt to
1923

In den Jahren 1922/23 ließ der Getreidehändler Ernst Otto Bruhn für seine Firma ein kombiniertes Büro- und Lagerhaus auf den Grundstücken Auguste-Victoria-Straße 2 und Sophienblatt 3 errichten. Die damals im schnellen Galopp ihren Höhepunkt erreichende Inflation – im November 1923 kostete der Dollar im Deutschen Reich 4,2 Billionen (4 200 000 000) Mark – machte dem Bauherrn zu schaffen. Die rasante Geldentwertung, verbunden mit einer noch nie da gewesenen, nicht mehr zu bewältigenden Geldvermehrung und eines kaum vorstellbaren rasenden Preisanstiegs für alle Waren, einschließlich die des täglichen Bedarfs, ließ die Menschen ihre Zeit als eine verdrehte, ja verrückte Welt erscheinen. Diese Einstellung bringt die von dem Bildhauer Gebhard Geigenthaler geschaffene Tafel an dem Haus zum Ausdruck.

Die Bestandteile des Bildes sprengen bzw. fallen aus dem Rahmen. Die Buchstaben stehen Kopf oder sind verdreht. Die Uhr, die die Sonne verdeckt, zeigt fünf Minuten vor zwölf, doch auf dem Ziffernblatt steht an Stelle der 12 die 6. Die in ihrem Nest ruhende Taube am oberen Bildrand schreckt vor der sich aufbäumenden Schlange auf. Der Mensch, klein, gebeugt und einem Philister gleich, steht kaum wahrnehmbar ganz unten auf einen Stock gestützt. Man sieht es am unteren Bildrand, die Welt ist aus den Fugen.

Die Sandsteintafel ist ein Stück Zeitgeschichte und humorvoll gestaltetes Symbol der Erinnerung an die Inflation der 1920er Jahre, eine Zeit schwierigster wirtschaftlicher Fragen häufig vor der entscheidenden Frage um Untergang oder Überleben.

Im offenen Torbogen der Hausdurchfahrt zum Innenhof des Gebäudekomplexes ließ Bruhn eine weitere Inschrifttafel anbringen, die seinen trotzigen Humor angesichts der damaligen Weltuntergangsstimmung zeigt:

Erinnerungstafel an die Inflation von 1923. Foto: Gerd Stolz, Kiel

Ein Narr, wer sich nur selbst nicht traut,
weil immer er auf andere schaut.

Der Gebäudeteil Sophienblatt 3, der mit seiner Frontgliederung und dem Treppengiebel an ein mittelalterliches Kaufmannshaus erinnert, zeigt in weißem Steinrelief über der Eingangstür einen von zwei Pferden gezogenen, hoch beladenen Erntewagen und die Inschrift „Handlung gegründet 1782 in Sieseby". Hiermit wird an den Ursprung der Firma erinnert, als Detlev Bruhn in Sieseby eine Getreidehandlung eröffnete, die später nach Eckernförde verlegt wurde und letztendlich in der Getreide AG aufging.

38 Kiel-Russee, Rendsburger Landstraße

a) Ecke Seekoppelweg, unter einer Doppeleiche

Granitfindling (ca. 200 cm hoch)
am 17. Juni 1971 enthüllt

Inschriften:

Vorderseite:

Den Opfern des
Nationalsozialismus

Seitenansicht:

An dieser Stelle
stand in den Jahren
1944–1945 das NS-
Arbeitserziehungs-
lager Nordmark.

Gedenkstein „Den Opfern des Nationalsozialismus“ auf dem Gelände Seekoppel für die Toten des Arbeitserziehungslagers Nordmark.
Foto: Gerd Stolz, Kiel

b) Kiel-Russee, Rendsburger Landstraße

gegenüber der Einmündung Achterwehrer Straße

Betonsäule mit schräg aufgelegter Bronzeplatte (130 cm hoch/Tafel schräg aufgelegt [54 cm x 39 cm])
1985 enthüllt

linke Hälfte: Lageplan des Arbeitserziehungslagers Nordmark

rechte Hälfte: Inschrift unter dem Kieler Stadtwappen:

> Hier errichteten die
> Nationalsozialisten
> – Gestapo Kiel – im Mai
> 1944 das „Arbeitserzie-
> hungslager Nordmark“.
> Hier waren insgesamt
> über 2000 Menschen ein-
> gesperrt.
> Hier wurden mehr als
> 500 Menschen ermordet.
> Auch hier begegnet uns
> deutsche Geschichte.

Inschriftplatte der Gedenkstele für die Toten des Arbeitserziehungslagers Nordmark. Foto: Gerd Stolz, Kiel

Da im Zweiten Weltkrieg auf Grund der zunehmend starken Unterdrückung ausländischer Zwangsarbeiter, vornehmlich aus der Sowjetunion und Polen, das Kieler Polizeigefängnis in der Blumenstraße und das an der Rendsburger Landstraße errichtete Ausweichgefängnis „Polizeibaracke Drachensee“ zu Ende des Jahres 1943 katastrophal überfüllt waren, ließ die Gestapo Kiel im Frühjahr 1944 auf einem 13 ha großen Wiesengrundstück in der Nähe des Russees das „Arbeitserziehungslager Nordmark“ durch Häftlinge errichten. Die Briten hatten durch ihre Luftaufklärung sehr bald festgestellt, welche Bedeutung die Baracken am Russee hatten. Sie wurden auf den Luftaufnahmen vom 23. 7. 1944 bzw. 9. 3. 1945 als „Kiel-Hassee C. C.“ bzw. „Kiel-Hassee Concentration Camp“ ausgemacht.

In den zwölf Monaten des Bestehens von Mai 1944 bis Kriegsende 1945 wurden mehr als 4000 Menschen aus 13 Ländern in das Arbeitserziehungslager Nordmark eingeliefert, das sehr bald wegen der dort herrschenden unmenschlichen Zustände verschwiegen auch „KZ Russee“ genannt wurde – ca. 600 Menschen starben an Hunger, Entkräftung, wurden zu Tode gequält oder ermordet. Die Toten wurden auf dem Lagergelände oder in Massengräbern auf dem in der Gemeinde Kronshagen gelegenen Friedhof Eichhof verscharrt, später dort auf den Feldern 59 – 61, dem „Kriegs- und Bombenopferfeld der Landeshauptstadt Kiel“, zusammengelegt, sofern die sterblichen Überreste der Opfer nicht in ihre Heimatländer oder auf andere Friedhöfe überführt wurden. Auch die 1962 bei Bauarbeiten in Kiel-Russee entdeckten, ehemals in einem Massengrab verscharrten unbekannten 41 Opfer des Arbeitserziehungslagers Nordmark wurden auf den Parkfriedhof Eichhof überführt und in einem Sammelgrab beigesetzt.

Die Häftlinge waren hauptsächlich männliche Zwangsarbeiter, überwiegend aus der Sowjetunion und Polen; es waren – bis auf 19 Häftlinge – keine Kriminelle nach rechtsstaatlichen Maßstäben. Das Alter der Häftlinge lag zwischen 70 und 15 Jahren, der jüngste war ein14-jähriger russischer Junge.

Literatur:

Regina Bigga u. a., Friedhof als Quelle historischen Arbeitens; Der Eichhof in Kiel / Kronshagen. In: Demokratische Geschichte Bd. VI, Jahrbuch zur Arbeiterbewegung und Demokratie in Schleswig-Holstein, Kiel 1991, S. 259–318

Detlef Korte, „Erziehung“ ins Massengrab – Die Geschichte des „Arbeitserziehungslagers Nordmark“ Kiel-Russee 1944–1945, Kiel 1991

Gerd Stolz, Kleiner Führer über den Kieler Park-Friedhof Eichhof, Kiel 2000

39 Goethestraße 13/Ecke Humboldtstraße

Bronzeplastik (ca. 240 cm hoch)
mit nebenstehender bronzener Erinnerungstafel (54 cm x 33 cm)
am 24. Mai 1989 übergeben

Text der Erinnerungstafel:

Hier stand die Synagoge der
Jüdischen Gemeinde in Kiel,
die in der Zeit der
nationalsozialistischen
Gewaltherrschaft
durch einen Willkürakt am
9. Nov. 1938 zerstört wurde

Auf dem Eckgrundstück Goethestraße 13/Humboldtstraße gegenüber dem einige Jahre zuvor angelegten Hohenzollernpark (ab 1947 Schrevenpark) stand bis 1939 die nach achtmonatiger Bauzeit am 2. Januar 1910 eingeweihte Synagoge der Kieler jüdischen Gemeinde; es war das dritte Gotteshaus der in Kiel lebenden jüdischen Männer und Frauen. Die erste Synagoge war von ca. 1796 bis 1868 in der Kehdenstraße 12, die zweite von 1869 bis 1908 in der Haßstraße 5, von der einige wenige Baureste noch erhalten sind.

Die Synagoge Goethestraße 13 wurde in der Nacht vom 9. zum 10. November 1938 geschändet, im Innern teilweise verwüstet und in Brand gesteckt, ohne dass sie – wohl im Hinblick auf die angrenzenden Wohnhäuser – weitgehend zerstört wurde. Das Gebäude hatte zwar Schäden erlitten, war aber keineswegs abbruchreif. Im Dezember 1938 erwarb die Stadt Kiel Grundstück und Synagogengebäude für die Stadtwerke. Von April bis November 1939 wurde das Gebäude dann abgebrochen.

Nach dem Zweiten Weltkrieg ließen die Stadtwerke Kiel in den Jahren 1967/68 auf dem Grundstück ein Wohngebäude für ihre Beschäftigten errichten.

Am 8. November 1968 wurde zur Erinnerung an die Zerstörung der Synagoge vor damals 30 Jahren eine kleine bronzene Gedenktafel neben dem Eingang zum Wohnhaus angebracht. Seit jenem Jahr fanden vor der Tafel bis zur Einweihung des Mahnmals im Jahre 1989 in jedem November schlichte Gedenkveranstaltungen statt.

Der zuvor mehrfach auch von jüdischen ehemaligen Kieler Bürgern vorgetragene Wunsch nach einer neuen Gestaltung der Erinnerungsstät-

Die 1910 eingeweihte Synagoge in Kiel, Ecke Goethestraße/Humboldtstraße, erbaut nach den Plänen des Kieler Architekten Johann Theede. Aufnahme um 1930.

Mahnmal mit Gedenktafel zur Erinnerung an die Zerstörung der Kieler Synagoge.
Foto: Gerd Stolz, Kiel

te wurde Ende 1987 von der Stadt Kiel in Verbindung mit den Stadtwerken Kiel aufgenommen. Nachdem ein wenig aussagekräftiger Entwurf keine Zustimmung fand, insbesondere von der zuvor nicht gehörten, auch für Schleswig-Holstein zuständigen Jüdischen Gemeinde in Hamburg auch wegen seiner zu abstrakten Gestaltung verworfen wurde, erhielt die Hamburger Bildhauerin Doris Waschk-Balz im Juni 1988 den Auftrag zum Entwurf eines Mahnmals. Sie legte dem Mahnmal den Gedanken zu Grunde, „in knapper und verständlicher Form den historischen Sachverhalt in Erinnerung zu bringen, dabei Betroffenheit und Trauer spürbar zu machen, einem Vergessen und Verdrängen entgegenzuwirken".

Das Mahnmal wurde am 24. Mai 1989 der Öffentlichkeit übergeben; an der Feierstunde nahm auch eine Gruppe israelischer Staatsbürger teil, davon mehrere jüdische ehemalige Kieler, die zu jenem Zeitpunkt auf Einladung der schleswig-holsteinischen Landesregierung ihre frühere Heimat besuchten. Zu ihnen gehörte der in Kiel geborene, israelische Schriftsteller Yehuda Offen aus Tel Aviv, der seiner in der Feierstunde gehaltenen aufrüttelnden Rede den Leitgedanken zu Grunde legte: Das wichtigste Lernfach ist Menschlichkeit.

Das Mahnmal, in das die ursprüngliche Gedenktafel von der Hauswand auf einem niedrigen Granitsockel schräg aufgesetzt integriert wurde, zeigt in der Grundform „eine aufrecht stehende rechteckige Tafel von der – durch einen schräg nach unten verlaufenden Riss – eine Ecke abgebrochen ist. Auf der Vorderseite ist im oberen Bereich – nischenartig in die Fläche eingelassen – in vereinfachter Form der Innenraum der Synagoge dargestellt. Im Zentrum steht der Thoraschrein. Aus dieser optischen Mitte heraus ... fällt der Thoravorhang, kippt der Tisch (Altar), stürzt der achtarmige Leuchter."

Das Mahnmal gilt nicht allein der religiösen Stätte, dem einstigen Ort oder dem vernichteten Gebäude, es ruft den heute Lebenden auch das Ereignis des Jahres 1938 ins Gedächtnis und Bewusstsein, es erinnert zugleich an jene jüdischen Kieler, die heimatlos, rechtlos und schutzlos Opfer von Hass und Gewaltherrschaft wurden, die kein Grab deckt.

Literatur:

Leo Bodenstein, Und plötzlich musste ich englisch reden ... – Warum ein Kieler Amerikaner wurde, Kiel 1991

Ursula Dinse, Das vergessene Erbe – Jüdische Baudenkmale in Schleswig-Holstein, Kiel 1995 = Gegenwartsfragen 78

Walter Niebergall, Dokumentation zur Geschichte der Kieler Synagoge und des Mahnmales an der Goethestraße 13, Kiel 1992

Gerd Stolz, Wegweiser zu den jüdischen Stätten in Schleswig-Holstein, Heide 1992

40 Holtenauer Straße 103

Schauspielhaus

Kunststofftafel (20 cm x 20 cm)
übergeben am 15. Dezember 1999

Inschrift (unter dem Signet des Schleswig-Holsteinischen Landtages):

Am 26. 02. 1946 tagten hier die
Abgeordneten des Ersten ernannten
Landtages und bereiteten den
demokratischen Neuanfang des
Landes Schleswig-Holstein vor

Die kleine Gedenktafel erinnert an die Anfänge und den Aufbau demokratischer Strukturen in Schleswig-Holstein nach dem Zweiten Weltkrieg.

Am 22. Januar 1946 teilte die britische Militärregierung Dr. Hans Müthling, dem damaligen Verbindungsmann zur deutschen Provinzial-

Erinnerungstafel für den Ersten ernannten Landtag von 1946 am Kieler Schauspielhaus. Foto: Gerd Stolz, Kiel

verwaltung und späteren Kieler Oberbürgermeister, ihre Absicht mit, einen Rat von 40 Mitgliedern beim Oberpräsidenten der Provinz Schleswig-Holstein einzurichten. Am 7. Februar 1946 unterrichtete dann Brigadier Gail Patrick Henderson den Oberpräsidenten Theodor Steltzer genau über den vorgesehenen Provincial Advisory Council (Provinzialbeirat), dem noch vor seinem erstmaligen Zusammentreten die Rechte des Provinziallandtages zugestanden wurden – der Name Landtag wurde erst am 11. Mai 1946 offiziell eingeführt.

Am 26. Februar 1946 trat dann der Erste ernannte Landtag, jener Provinzialbeirat, in Kiel im „Neuen Stadttheater", dem heutigen Schauspielhaus, zu seiner konstituierenden Sitzung zusammen. Die nach ständischen Gesichtspunkten ausgewählten Mitglieder waren von der britischen Militärregierung ernannt worden. Auf der Bühne des Theaters saßen Lieutenant General Sir Evelyn Barker, der britische Corps Commander in Schleswig-Holstein, rechts neben ihm Brigadier Henderson und Oberpräsident Theodor Steltzer.

Mit dem Ersten ernannten Landtag nahm erstmals nach dem Zweiten Weltkrieg ein Landesparlament seine Arbeit auf und legte damit die Basis für eine demokratische Verwaltung Schleswig-Holsteins. Ein Meilenstein in dessen Arbeit war die Annahme – bei zwei Gegenstimmen – der von Prof. Dr. Hermann Mangoldt erarbeiteten „Vorläufigen Verfassung" in seiner 5. Sitzung am 12. Juni 1946, die – obwohl lediglich für eine Gültigkeitsdauer von sechs Monaten beschlossen – ohne Zustimmung der britischen Besatzungsmacht bis zum Inkrafttreten der Landessatzung am 12. Januar 1950 Grundlage der parlamentarischen Arbeit und Gestaltungsrahmen war.

Literatur:

Jürgen Schöning, Der Schleswig-Holsteinische Landtag. In: Schleswig-Holstein – Eine politische Landeskunde, Kiel 1992 = Gegenwartsfragen 68, S. 53–68
Erich Hoffmann, Anfänge des Parlamentarismus in Schleswig-Holstein, Kiel 1985
Rudolf Titzck, Landtage in Schleswig-Holstein, gestern – heute – morgen, Husum 1987

41 Fröbelstraße 15

Freitreppe des Seitenanbaus des Hauptgebäudes

Keramiktafel (47 cm x 30 cm)

Inschrift:

Am 8. Mai 1947 trat in diesem Hause
der erste Schleswig-Holsteinische
Landtag (1947–1950) zusammen
und beschloss am 13. Dezember 1949
die Landessatzung für
Schleswig-Holstein

An der Wand der Freitreppe des 1931 errichteten Anbaues der seinerzeitigen, am 4. Mai 1926 eröffneten Pädagogischen Akademie (ab 1946 Pädagogischen Hochschule) Kiel erinnert eine kleine Tafel an den demo-

Erinnerungstafel zum Neubeginn der parlamentarischen Demokratie nach dem Zweiten Weltkrieg in Schleswig-Holstein an der Freitreppe der ehemaligen „Pädagogischen Akademie“ in Kiel. Foto: Gerd Stolz, Kiel

kratischen Neuanfang in Schleswig-Holstein nach dem Zweiten Weltkrieg mit der Verabschiedung der Landessatzung, die seit dem 13. Juni 1990 als „Verfassung des Landes Schleswig-Holstein" fortgeführt wird.

Die erstmalige Wahl zum Schleswig-Holsteinischen Landtag fand am 20. April 1947 statt, die konstituierende Sitzung nach dem mit der britischen Militärregierung abgesprochenen Ablauf am 8. Mai 1947 im Festsaal der Pädagogischen Hochschule. Die Sitzung wurde durch den Regional Commissioner für Schleswig-Holstein, den britischen Air Vice Marshal Hugh Champion de Crespigny eröffnet. Hier tagte der Landtag auch weiterhin bis zu seiner Sitzung am 3. Mai 1950.

Zwar hatte es der Landtag als seine „vornehmste, dringendste" und „ureigenste" Aufgabe angesehen, die seit Winter 1948 laufenden Arbeiten zur Verfassungsgebung möglichst rasch abzuschließen, doch wollte man zunächst die westdeutsche Bundesverfassung als Fundament des neuen Staates mit einer eventuell damit verbundenen Neugliederung des Landes abwarten. Das am 8. Mai 1949 vom Parlamentarischen Rat beschlossene „Grundgesetz für die Bundesrepublik Deutschland" trat am 23. Mai 1949 in Kraft – der Schleswig-Holsteinische Landtag hatte in einer Sondersitzung am 20. Mai dem Grundgesetz zugestimmt. Nach diesem Votum des Landtages entfaltete Landtagspräsident Karl Ratz im Sitzungssaal der Pädagogischen Hochschule die schwarz-rot-goldene Fahne, die anschließend vor dem Gebäude gehisst wurde – drei Tage vor der „Geburtsstunde" der Bundesrepublik Deutschland wurde hier also offiziell erstmalig die (künftige) Bundesfahne gehisst.

Am 13. Dezember 1949 nahm dann der Landtag, nachdem heftige Diskussionen zwischen Regierungspartei und Opposition insbesondere wegen der Boden- und Schulreform vorausgegangen waren, die Landessatzung mit 45 Ja-Stimmen (bei insgesamt 70 Abgeordneten) an. Sie trat nach Billigung durch die Alliierte Hohe Kommission und Verkündung im Gesetz- und Verordnungsblatt am 12. Januar 1950 in Kraft.

Literatur:

Albert von Mutius, Landesverfassung. In: Schleswig-Holstein – Eine politische Landeskunde, Kiel 1992 = Gegenwartsfragen 68, S. 19–40

Uwe Barschel / Volkram Gebel, Landessatzung für Schleswig-Holstein – Kommentar, Neumünster 1976

Rudolf Titzck, Landtage in Schleswig-Holstein, gestern – heute – morgen, Husum 1987

Personenregister

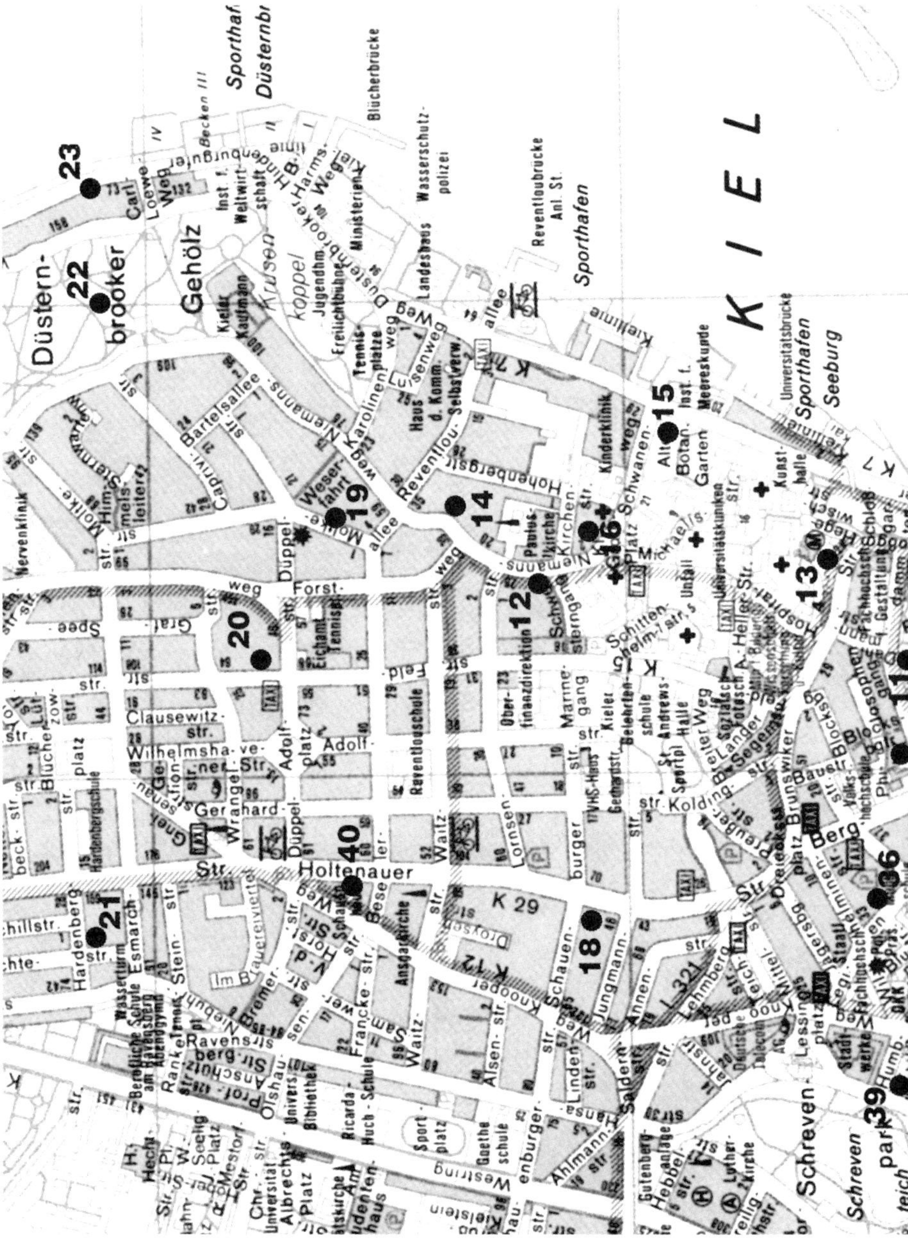
KIEL
Düstern-
brooker
Gehölz
Sporthafen
Düsternbrooker Weg
Holtenauer Str.
Reventlouallee
Niemannsweg
Blücherbrücke
Reventloubrücke
Universitätsbrücke
Seeburg
Alter Botan. Garten
Kinderklinik
Oberfinanzdirektion
Reventlouschule
Hardenbergschule
Ansgarkirche
Kunsthalle
Schreventeich
Schrevenpark
Sportplatz
Westring
11
12
13
14
15
16
18
19
20
21
22
23
36
39
40

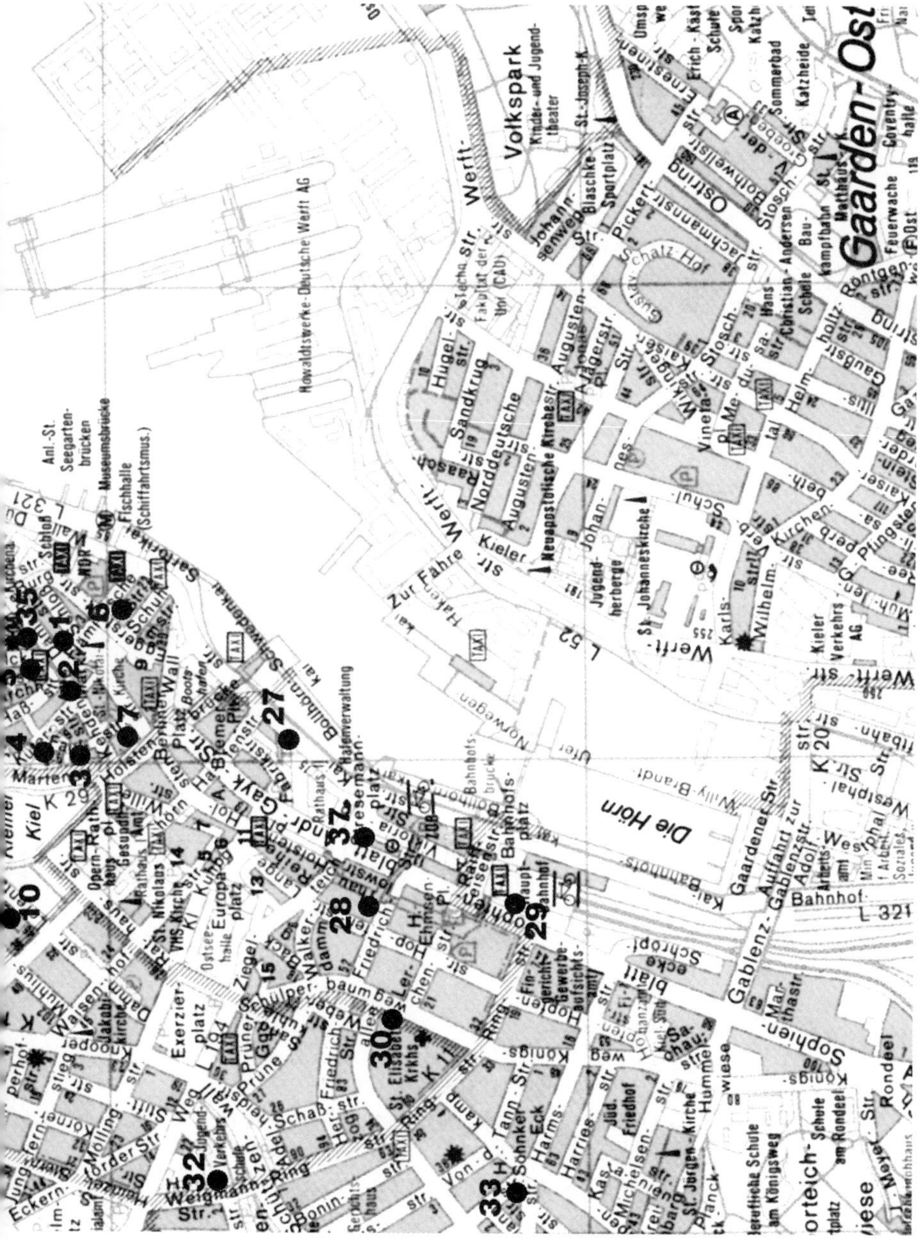
Volkspark
Kinder- und Jugendtheater
Gaarden-Ost
Die Hörn
Howaldtswerke-Deutsche Werft AG
Seegartenbrücken
Museumsbrücke
Fischhalle (Schiffahrtsmus.)
Hafenverwaltung
Jugendherberge
St. Johanneskirche
Neuapostolische Kirche
Kieler Verkehrs AG
Feuerwache
Berufliche Schule am Königsweg
Schule am Rondeel
St. Jürgen-Kirche
Jüd. Friedhof
Exerzierplatz
Europaplatz
Ostseehalle
Hauptbahnhof
Bahnhofsplatz
Gaardener Str.
Gablenzstr.
Ostring
Werftstr.
Kieler Str.
Zur Fähre
Norwegenkai
Bahnhofskai
Sophienblatt
Karlstal
Vinetapl.
Augustenstr.
Sandkrug
Hugelstr.

Tim Schwabedissen,

MS Stadt Kiel

Vom Hafendampfer zum Museumsschiff
192 Seiten, zahlreiche Abbildungen, gebunden

Das Motorschiff kreuzte den Weg des Autors auf der Abschiedsfahrt zum ersten Mal. Jahre später stieß er unvermutet auf ein rostiges Häufchen Elend, zu dem der Veteran heruntergekommen war. Tim Schwabedissen sammelte über Jahre Eindrücke und Bilder des Hafendampfers. Nach der Lektüre einiger Bücher mit lokalem Bezug wurde ihm bewusst, dass der Werdegang des Schiffes einigen Stoff hergab und sich vielfach mit der Stadthistorie verschränkte. In jedem Winkel des Schiffes steckt eine Geschichte, die der Autor in diesem Buch wieder aufleben läßt.

Tradition und Aufbruch im Schwentinetal

Sonderveröffentlichungen der Gesellschaft
für Kieler Stadtgeschichte, Bd. 38
Herausgegeben von Gert Kaster
Mit 17 Beiträgen, zahlreichen historischen Abbildungen
und aktuellen Fotos von Rolf Reiner Maria Borchard
159 Seiten, zahlreiche, teils farbige Abbildungen, gebunden

Nach langjährigem Niedergang des Kieler Ostufers wird gerade in den letzten Jahren ein beschleunigter Aufbruch spürbar, der Wirtschaftlichkeit und neue Lebensqualität für diesen Stadt- und Naturraum schaffen soll. So entwickelt sich derzeit die urbane Landschaft rund um die Schwentinemündung zu einem neuen Geflecht aus historischer Bausubstanz und neuer, zeitgemäßer Architektur. Die Autoren zeigen in Fallbeispielen unterschiedliche Aspekte auf, die den Wandel des Schwentinetals von der Mühlen- und Schiffbauindustrie zum Technologie-, Hafen- und Freizeitstandort bestimmen.